《外语教学研究新视界文库》 刘长江

中央高校基本科研业务费专项科研项目资助，No.

U0695791

Communicative Language Testing: Theory and Practice

外语交际测试理论与实践

王秀文◎著

中国出版集团

世界图书出版公司

广州·上海·西安·北京

图书在版编目（CIP）数据

外语交际测试理论与实践 / 王秀文著 . — 广州：世界
图书出版广东有限公司，2014.12（2025.1重印）
ISBN 978-7-5100-8116-3

Ⅰ . ①外…　Ⅱ . ①王…　Ⅲ . ①外语教学—教学研究
Ⅳ . ① H09

中国版本图书馆 CIP 数据核字（2015）第 003464 号

外语交际测试理论与实践

责任编辑　钟加萍
出版发行　世界图书出版广东有限公司
地　　址　广州市新港西路大江冲 25 号
http:// www.gdst.com.cn
印　　刷　悦读天下（山东）印务有限公司
规　　格　710mm×1000mm　1/16
印　　张　11.75
字　　数　230 千
版　　次　2014 年 12 月第 1 版　2025 年 1 月第 3 次印刷
ISBN　978-7-5100-8116-3/H・0897
定　　价　68.00 元

前　言

　　在现代社会，国与国之间的经济文化交流日益密切，国家和社会急需既有相关专业知识，又具有相应国际视野能力的人才。而外语交际能力则是其中最为重要的一个方面。外语交际能力包括很多方面，其不仅是强调一个人对所学目标语言的基础知识点的掌握，还强调教育接受者能用所学语言和交际对象进行流利准确的沟通。因此外语教学任重而道远。

　　语言测试作为外语教学中的重要一环责无旁贷。测试研究有助于更加科学地评估学生的学业成就，从而更好地促进外语教学。《外语交际测试理论与实践》将重点研究外语交际测试的新发展，对外语交际测试中的几个关键性问题进行深入探讨，以期达到理论上新的高度和认识。关键性问题包括：对于交际能力的理解、外语交际测试的有用性原则、外语交际测试种类等。可以看出，在探讨以上几个关键性的问题时，笔者紧密联系外语教学的实践，注重理论在实践中的应用分析。

　　在理论上形成较为统一的认识之后，本书重点讨论外语教学中的交际性口语、写作、翻译、听力以及阅读测试。可以看出，这既包括产出性能力的测试，也包括接受性能力的测试，因为笔者认为二者在培养学生的综合交际能力中同等重要，缺一不可。没有良好的输入就谈不上高质量的产出。最后，本书对外语测试中的统计进行了深入浅出的例证分析。

　　《外语交际测试理论与实践》以语言学理论和测试理论的发展为理论框架，探究交际测试的本质，以英语交际能力为主线，以语言的使用（use）为测试目标，构建英语交际测试的理论体系，有点有面，重点突出。同时理论和外语教学实践相结合，在语言应用中考查英语交际能力。思考我国外语交际测试中的实践性问题，尤其是交际能力问题，以希望能为外语教学实践提供些许启迪和帮助。

　　本书得以付梓，离不开方方面面的支持。首先感谢自 2009 年以来上研究生英语测试课的历届学生，他们的虚心学习和热情探讨给了我无数的启迪。同时非常感谢南京航空航天大学的各级领导，尤其是外国语学院领导的支持，从英语测试课的开设到项目的立项（本书为 2013 年南京航空航天大学学术著作出版基金项目），无不给予我鼓励和前进的动力。更要感谢本书所引用的编著、译者们，我在写作过程中参考了国内外出版的许多书刊，前人的思想和火花指引我思考和进一步探究，虽然这种探究还需要深层次的论证和更为严密的逻辑，当然也需要考察在实践中的应用和效果，我还是很高兴自己已尽微薄之力。这里还要感谢外国语学院的同事们，十年的南航生活，您们给了我朋友的情谊和家人般的温暖。值得一提的是，王素敏老师在本书的写作中，承担了第 5 章的写作任务，付出了辛勤的劳动。最后要感谢世界图书出版广东有限公司学术出版中心（武汉）的宋焱编辑，她为本书的出版倾注了大量心血。

目　录

第 1 章　外语教学中的交际能力观

从宏观上看，在当下我国外语教学改革的大环境中，传统的语法教学法逐渐被交际教学法所取代，与之相应的交际性语言测试也越来越受教育界及研究者的关注。然而我们应该看出，交际性的语言测试还处于初级阶段，很多方面都不是特别成熟，人们对交际能力以及交际性测试的理解和认识仍然较为模糊和有限。为什么要进行交际性测试？交际性测试的内涵和本质是什么？什么是交际能力？交际能力观包括哪些内容和方面？语言学和二语习得相应的理论依据是什么？在外语教学的实践中我们如何实施交际性测试？

1.1　语言测试的发展

历史上把语言教学和测试的发展分为三个阶段：传统语言教学阶段和科学前语言测试阶段、结构主义教学和心理计量结构主义测试阶段、交际语言教学和心理语言学—社会语言学测试阶段。其中，第一代：大约 400 或 500 年前直到 20 世纪 40 年代（欧洲）；第二代：20 世纪 40—60 年代中期（在语言测试方面直到 20 世纪 80 年代和 20 世纪 90 年代早期）（20 世纪 50 年代开始受到挑战）；第三代：20 世纪 50—70 年代（语言教学领域发生在西欧和北美，语言测试领域，欧洲和美洲的部分地区仍处于两代的过渡区）。

1.2　三个理论阶段的语言观

在第一个阶段，即传统语言教学和科学前语言测试中，教学是基于经验和传统而不是基于语言学和相关训练而进行的，语言是作为一种知识来传授的，包括语法、词汇和语音。所以测试的重点是对这三方面知识的检测（对待语言课堂就像对待其他课堂一样）。教学的内容包括：语音、语法和词汇（修辞学、背景知识和文学）；

而测试的对象则包括知识、修辞学、背景知识和文学。

在第二个阶段，即结构主义教学和心理计量结构主义测试（使用心理计量法）中，结构主义教学包括 Bloomfield 在 1933 年提出的结构主义语言学，Fries 和 Lado 分别在 1945、1957 年做了相关研究和心理行为主义。结构主义学派认为：关于语言规则的知识不等于语言本身，因此教学的内容应该是语言而不是有关语言的知识。他们还坚持语言是符号的系统。因此学习语言就是学习操作符号系统的技能，也就是说，训练对刺激做出正确反应的语言行为。而心理计量结构主义测试则是使用心理计量法测量学生的技能。

由以上分析可以看出，第一代强调的是知识，这体现在其相应的教学和测试中；而第二代注重的却是技能，即学习者是否掌握了学习操作符号系统的技能，其测试使用心理计量法也关注被测者的技能掌握情况。

对第二代语言教学和测试的挑战来自于 Chomsky（1957, 1959），他从心理学和语言学的角度提出了语言能力的理论。他认为，技能只是表面行为而非一个人的内在能力。当一个人凭技能做出某种行为时，这种行为往往只是对外界刺激的习惯性的表面反应，是一种单纯由心理生理机制支配的行为。可当一个人凭能力做出某种行为时，这种行为却是通过他的内在认知和情感力量而发出的行为。

这个时期的争论点是：到底人的言语行为需要的仅仅是表面的技能，还是比技能要深得多的能力？这时，有关语言的学科产生了：心理语言学、社会语言学、应用语言学、话语分析、第二语言习得等。人们渐渐形成一致的认识，即教学和测试的内容应该是正式的语言系统，而非符号系统。

这与第一代语言测试的区别是在第一代中，语言测试是作为知识的，而第二代语言测试则是作为技能，第三代语言测试则是作为能力。

由此，语言教学和测试的第三代，即交际语言教学和心理语言学—社会语言学测试应运而生。

交际语言教学包括 Halliday 在 1970 年提出的功能语法，Wilkin 在 1976 年提出的意念大纲，以及 Savigon 和 Widdowson 在 1972 年提出的交际语言教学。第三代的学者认为：学习一门语言不是学习语音、语法和词汇，也不是学习操作符号的技能，而是获得与别人交际的能力。当然，第三代强调的能力不排除知识和技能，但不仅仅意味着知识和技能。能力是种内在的才能。所以语言教学不应局限于知识和技能的教学，而应关注能力的教学。测试也应该以能力的测试为重点。

因此，第三代的教学和测试内容包括：知识、技能、语言能力和交际能力（包括语言能力以及更多因素）。由此可以看出，交际能力的内涵要比语言能力广，交际能力包括语言能力，但不仅仅是语言能力。外语的教学和测试不仅仅是对语言知识和技能的掌握，更是对语言交际能力的培养。

1.3 三个理论阶段的学习观

结构主义语言学认为语言学习就是习惯的养成，而乔姆斯基则认为语言学习涉及创造性。Krashen（1981）提出语言学习依赖于潜意识的习得而不是有意识的学习，而认知角度认为语言学习是认知的过程，在此过程中会涉及情感和文化因素。

关于学习观有两种理论。一种理论认为学习外语就是形成心理和生理上的习惯；另一种理论则认为学习外语就是形成一种新的知识体系，强调创造力和认知情感机制的作用。

注意：这里说到的知识是一个广义的概念，既包括陈述性的知识（关于"是什么"的知识），也包括程序性的知识（关于"如何做"的知识）。陈述性知识应该理解为社会实践的经验所得，所以又称为经验性知识。它既包括专业方面的经验性知识，也包括日常生活方面的经验性知识，还包括公共和个人生活方面的经验性知识。（刘骏和傅容，2014：11）

在第一代，即传统语言教学和科学前测试阶段，语言的学习就等于知识的学习。其特点是：学习的虽然是陈述性知识，但却认识不到要把它转换成应用能力的必要性；知识的学习不包含认知的激活和创造性的形成，而仅仅是机械学习。其相应的测试也是对其学习的知识的测试。

在第二代，即结构主义教学和心理计量结构主义测试阶段，技能的训练不包含认知，更不用提积极的参与和创造性；这里的技能是指操作语言形式的技能，不包含语言的意义和用途；可以单独学习语言形式，单独训练技能。其相应的测试是分开测试操作技能，与意义用途分离。

在第三代，即交际语言教学和心理语言学—社会语言学测试阶段，其学习观从以往的把学生作为知识的接受者变为以学生为中心。这具有颠覆性的意义。他们认为交际能力是潜意识获得的，而不是通过狭义上的学习而获得，因此要关注信息而不是关注代码；教学应该把重点放在信息及交流的目的上，从而强调学习者的积极参与和创造性。其相应的测试主张通过交流进行测试，强调给主体更多的启蒙，让他们灵活地运用其交际能力。

1.4 外语教学中的交际能力观

在 1.2 节中谈到，交际能力不仅仅是语言能力，还包括其他很多因素。为了梳理清楚并深刻理解外语教学中的交际能力观，本书将简单回顾有关交际能力的论述。总的思路如图 1-1 所示：

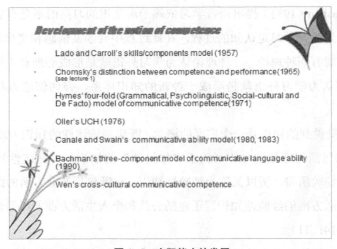

图 1-1　交际能力的发展

交际能力究竟指的是什么？对于这一理论问题并没有一致的看法，不同时期的不同学者对其进行了不同的阐述。

20 世纪 60 年代中期，语言学家 Chomsky 提出了"语言能力"和"语言行为"这两个概念。但他所提出的"语言能力"只是一个抽象概念，人们交际时只有抽象的语言能力是不够的，还要考虑到语境，并且语言的使用过程是一个动态的交际过程，由此便产生了"交际能力"这一概念，这是美国社会语言学家 Hymes 在 1972 年首次提出的概念。其交际能力模式包括四个方面：①可能性，即是否符合语法规则，在形式上可能。②可行性，即某些语言是否能够付诸实践以及可实施的程度。③恰当性，即话语在特定的情境中是否得体以及得体的程度。④有效性，即话语是否已经付诸实践以及实践的程度。Hymes 的这一概念涵盖了语法、心理语言学和社会语言学的内容，相对语言能力来说更为具体且更便于理解，从而具有一定的可操作性。

1980 年，Canale 和 Swain 首先提出交际能力由三部分组成，1983 年 Canale 又把它扩展为四部分，即语法能力、社会语言能力、语篇能力和交际策略能力。Canale 和 Swain 提出的交际语言能力模式引起了人们对语言的重新认识，语言不再只是知识系统，而是人们从事社会活动的工具，学习一门语言意味着用该语言做事情。这对二语习得和语言教学产生了深刻的影响，人们开始推崇交际语言教学。他们认为：学习英语是为了用英语去做事情，英语是用于交流的一种工具，学生是课堂的中心，课堂上应该使用任务型教学，应该使用真实的语言材料进行教学，应该在真实的生活情境中测试语言使用者的语言能力。

20 世纪 90 年代以后，美国应用语言学家 Bachman 博采众长，提出了全新的语言交际能力模式，对交际能力进行了再次定义。Bachman 认为交际能力是把语言知识和语言使用的场景特征结合起来，创造并解释意义的能力，它主要由语言能力、策略能力和心理生理机制三部分组成。（Bachman & Palmer, 1996）语言能力包括组织能力和语用能力；策略能力指在具体的语言交际时运用各种语言知识的心理能力，是一种综合运用已掌握知识解决问题的能力，主要包括评价策略、确定目标策略、制订计划策略和执行计划策略；心理机制是语言交际时的一种神经和心理过程，而生理机制则是在产生语言的过程中所使用的生理技能。Bachman 对交际能力的认识更为全面，他指出交际能力各因素之间不是简单的并列关系，而是互动关系，即语言的使用过程是一个动态的过程，各种知识、技能和心理过程互相影响、相互作用。这相对 Canale 和 Swain 的模式来说更为精细和具有可操作性，从而也使外语交际测试的发展达到了一个新的高度。

文秋芳（1999）在《英语口语测试与教学》中提出了跨文化交际能力的新模式。她认为跨文化交际能力包括交际能力和跨文化能力，后者主要体现在敏感性、宽容性和灵活性三个方面。文秋芳老师的跨文化交际能力新模式对于我国的外语教学和测试有着深刻的影响，使我们对于外语交际能力的理解更为深入，人是社会和文化的产物，外语交际能力应该包含文化能力，尤其是跨文化交际能力，从而延伸了外语交际能力这一概念。同时也启示我们：在外语教学和测试中，我们不仅要关注外语交际能力，同时也要加强跨文化能力的培养。

为了便于理解和操作，笔者把交际能力理解为如下所示的各种能力，见图 1-2。

交际能力
（知识、技能和能力）

语言能力（包括语音、语法、词汇，词和结构的语义，听说读写方面）

话语能力（在话语、语篇或话语情境中的语言）（有关话语规则、组织话语的能力，连贯和衔接的能力）

语用能力（在交际情境中使用的语言）（交际策略，社会语言学能力，社会和文化知识，关于世界的知识）

图 1-2　交际能力示意图

综上所述，关于交际能力的论述体现了语言学和语言教学的发展历程，人们关于交际能力的认识也越来越明确和清晰。从中我们可以得到如下启示：外语教学和测试应该在真实语境和情境中实施。交际能力是合成的而不是混合而成。交际能力＝因素 1* 因素 2* 因素 3...* 因素 n。我们应该从整体上测试交际能力而不是分开测试。

1.5　语言测试的实践

1.5.1　教学和测试内容的决定

语言测试的实践主要涉及内容的决定（具体化、选择、说明）。具体化指的是内容以何种具体形式来体现；选择指的是内容的选定以什么为依据；说明指的是选定的内容如何描写和限定，内容说明是课程和考试设计的基础，是教学或者考试大纲的主要部分。

前文谈到，语言教学和测试的发展在理论上经历了三个阶段，语言测试的实践相应地也经历了三个阶段。第一代测试的具体内容是目标语言的语言要点（语音、语法、词汇等），内容的选择以教师的经验和主观判断为基础，也没有明确的说明。语言测试中一个重要的因素就是简单明了，所以内容的具体化是非常重要的。但在第一代中，没有科学的具体化的内容。通常是用这样一些词，例如"掌握基本语法和 3 000 词"，做一个非常概括化的描述。什么是基本语法？为什么是 3 000 词？我们无从得知，总之缺乏一种定性、定量的说明。

第二代认为在学习一门语言时，掌握有限数量的正式结构是很有必要的，这些结构有着较高级的搭配，高频率和高概括性（语音、语法和词汇都会关注一些基本结构）。这些基本结构是教学和测试的内容。基本结构的决定是通过和母语及频率次数做比较来实现的。

第三代则注重测试交际能力（表现为交际活动），而教学和测试内容的决定取决于对需求的分析：是为了谈判，为了出席讲座，还是为了学术阅读等。

总之，对于语言测试的实践而言，第一代主观性强，因为主要取决于教师或设计者的经验，测量方法上既非定性，也非定量。而第二代和第三代则客观性强，但是基于不同的事情。第二代是基于目标语言的正式结构（有限的系统、线性的、有形的、固定的、静态的、有明确的界限），在测量方法上定量但不定性。第三代则是基于交际需要（无限的系统、多维的、动态的、非固定的、无形的、模糊的、可协商的），在测量方法上则是定性和定量相结合。

由此可见，与传统测试中绝对的、静态的、抽象的概念相比，以测试交际能力为宗旨的交际语言测试以其相对的、动态的、具体的、可比的特点，将测试内容与语言实际运用紧密联系，重视语言宏观交际效果。作为一种行为测试，交际性语言测试是在真实或者接近真实的情景中通过完成实际的交际任务来测量考生运用语言的能力，因此它体现了三个原则，即交际原则、任务原则和意义原则。具体来说，就是交际性测试重视社会与被测者的需要，将测试内容和语言实际运用紧密联系，以顺应语言教学的发展趋势；其次交际性测试直接测试语言的运用能力，测试结果更能切实反映被测者的语言水平，得分较高的应付语言交际的能力也较强；同时交际性测试对外语教学也有积极的反拨作用，能促进学习者在测试前从死记硬背的境地中摆脱出来，将机械的记忆所消耗的精力投入到有目的、有创造性的语言活动中去。

交际测试法采用社会语言学视角，从被测者在现实生活中可能承担的社会角色出发，每个特定测试的目的就是测试被测者在与他们实际交际需要密切相关的语言使用情景中使用语言有效达到交际目的的能力。

1.5.2　教学和考试的实施

语言教学和考试的实施涉及五个问题，它们分别是：①学习和考试的形式（练习/测试）；②对待四种技能的态度（分开还是一起）；③教学和考试中的材料是否置于语境及真实的情景中；④教学和考试中的材料是否真实（真正的语言运用者是在交际中使用的）；⑤基于代码还是消息。

第一代教学和考试的主要是知识型项目（如拼写、听写、匹配、同义词和反义词、派生词、大声朗读、复述等等），强调记忆。第二代关注句型练习，测试的重点是填空、完成句子、结构转换等等，强调英语口语。其中多项选择和填空是第二代的主要题型，主要考查语言的形式结构。四种技能分离处理（离散点测试），不需要语境，不需要情景。

介于第二代和第三代之间的是单一语言能力理论基础指导下的教学和测试。它主要测试综合试题：对文章的听写、改错、完形填空等。这结合语境，综合处理语言点和语言技能，但缺乏真实的交际情景。而第三代教学和测试的对象是交际活动（例如，写篇道歉信、打电话、填申请表等），对四种技能进行综合处理。

1.5.3 评估（二分法和连续法）

评估语言性能可从以下三个方面着手：正确性（代码）、流利性（效率而不是速度）、适当性（适合特定的上下文或情境）。第一代强调正确性（必要的质量：准确和流利），不包括适当性。第二代强调正确性，程度超过第一代，不但把形式的准确性孤立于语境和情景，有时甚至把语言本身的意义都剥离了，把准确性绝对化了；同时对流利赋予了一个脱离语境情景甚至意义的偏狭含义，流利单纯只是语言形式结构操作的熟练问题：用刺激反应的操练方法，使学习者达到对语言结构自动掌握的地步，那就是达到熟练了，而完全否定了适当性，忽略了语言使用的语境和情景。第三代则是有效的交际，强调适当性。对语言的评估必须是放在使用中的评估，评估的对象是交际行为，评估的标准是交际的有效性。

就评估的方法而言，第一代和第二代都属于二分法，是定量分析；而第三代属于连续法，是基于中介语的定性分析。

1.6 本章小结

外语测试理论的发展从来都是与语言学和语言教学的理论发展同步进行的。本章遵循着这一思路，前半部分分别探讨了三个理论阶段中的语言观和学习观，并在此基础上探讨了外语教学中的交际能力观及其在实践中的意义。后半部分则从三个方面探讨了语言测试的实践，这其中并未把语言教学排除在外，因为二者总是相互依存的。探讨语言测试实践的目的是为了更好地指导外语教学和测试的实践，因为只有加深认识，才能更为明确外语交际能力的意义和内容，从而更好地服务于实践。

第 2 章　外语测试中的有用性原则

Bachman 和 Palmer 在 1996 年提出了衡量语言测试质量的重要标准，即测试有用性。测试有用性包括六大要素：信度、效度、真实性、互动性、可行性和后效性。

信度是指测试结果的稳定性、可靠性。测试结果不应随考试时间、考试形式、阅卷老师等因素的变化而变化。信度是测试的一项重要特征，信度过低的测试无法正确反映考生的语言交际能力。效度是指我们根据测试结果对被试者的相关能力所做出的解释的合理性，即是否测试到了该测试的内容。真实性是指所给出的语言测试任务与语言使用任务的一致性。测试的题型应与考生日常生活中接触的任务相关。交互性是指考试任务在多大程度上激发了考生的个体特质。通过考生和任务之间的互动交流，考生的知识和策略受到激发，从而更好地帮助完成考试任务。可行性是指在测试的设计、开发和实施评阅等过程中所需资源与实际可以获得的资源之间的关系。如果测试所需资源比实际可获得的资源要多得多，这些资源包括人力、物力、财力等等，那么测试的实用性就比较弱。后效性指的是测试对社会、教育以及相关个人所起的作用，包括对教学和学习过程产生的影响。本书将理论联系教学实践，探讨有用性原则在外语交际测试中的价值和作用。

2.1　信度和效度

任何形式的语言测试都离不开测试的两个重要原则问题：可靠性或称信度（reliability）和有效性或称效度（validity），即任何一种语言测试必须具备一定的信度和效度，这样才能反映学生的真实水平，尽量排除可能发生的误差。反之，测试的结果不仅失去意义，甚至会造成一些假象和误差。

在语言测试前科学时期，试题如何设计、考试成绩如何评判主要是教师凭自身的经验主观地进行操作。从 20 世纪三四十年代起，信度和效度被引入语言测试领域，20 世纪 60 年代以 Lado 为代表的美国结构主义语言测试学家对这两个概念进行了系统的阐述和论证，在此基础上形成了一种科学、客观、可靠的测试体系，标志着语言测试科学化的开始。可以说，语言测试在理论和实践上的发展和纷争都是以信度与效度为主线而进行的。

2.1.1　信　度

信度（reliability）是测试的基本特点之一，是实现构念效度的必要条件，也是衡量测试的重要指标。信度通常指的是测量的一致性（Bachman & Palmer, 1996）。

一套考试的信度的高低，受试题的量和质、考试实施、评卷三方面的种种因素所牵制。Bachman（2001）也指出"影响测试信度的因素主要有三方面：测试长度（length of test）、测试难度（difficulty of test）与区分度（test score variance）"。就试题的量和质而言，通常要考虑的问题包括试题是否有足够的量（测试的长度）、试题的难易度、试题的区分度等。提高考试信度的方法之一是加大考试的分量，即增加考题。但根据信度公式计算，要想把信度 0.50 的试卷提高到信度为 0.90，需要把考题数增加到原来的 9 倍，这在实施中会不大可行。所以应当尽可能大题化小，多出选择题，既不超出时间和内容的限度，也能保证题目的最大数量，从而提高信度。另外，如果测试内容对所测量的语言能力有很高的代表性，那么，测试内容的覆盖面越广，测试内容越多，其信度就越高。测试任务应取材于日常生活中的交际任务，但是现实生活中用于交流的任务多种多样，有些任务是不适合作为测试任务的。例如，有些任务需要受试者具备相关经验，如果具有这种经验的只是少数人，那么对于大部分人来说，用这项任务来测试他们某一层面的交际能力是不公平的，测试的信度自然得不到保证。所以，选择任务前，有必要选取有代表性的任务。"需求分析"不失为一个科学的解决方法。通过需求分析，我们可以了解学习者的学习动机、意识等因素，明确他们在现实生活中可能遇到或是需要完成的交际任务，并研究完成这些任务所需的语言能力。我们通过需求分析就能避免不为大部分学生所了解的生僻任务，得出具有代表性的测试任务，提高语言测试的信度。当然，太难或太易的试卷，都会使分数的分布范围缩小，从而降低了信度与区分度。这样基于考试分数对考生语言能力做出的推断就不准确。因此，不论是试卷的难度还是区分度都要控制在一定的范围内。

此外，从考试的实施方面来考虑，任务所规定的时间长短会影响应试者的完成情况，所以，为了让学生有一个稳定的表现，在设计任务时要根据需求分析表，分析完成测试任务所需的语言能力及测试者本身具有的应用能力，合理制定出任务的执行时间；应试者在执行任务时所使用的工具也会对信度产生一定的影响，不熟悉的设备会给应试者造成紧张心理，妨碍他们语言能力的正常发挥，所以，测试任务的道具尽量选择应试者熟悉的内容。

最后，任务的评价也是影响测试信度的一个重要因素。任务式语言测试是通过对应试者完成任务的表现来评价他们的语言应用能力，而语言能力不同于语言知识，不可能量化到某个知识点而进行客观评分，语言能力测试的主观性是影响信度的重要原因。既然无法避免，那就应该努力改善对任务完成结果的评价以提高信度。首先，对可以量化的部分指定详细的评分标准，对阅卷人员进行评卷培训；其次，由两个或者更多人对同一应试者的任务完成情况进行评价；再者，对测试结果过低的任务进行二次评价。

本次综合英语（附录 1）的考试共分为六个部分：快速阅读（10%）、听力（35%）、精读（30%）、完形填空（5%）、翻译（5%）、写作（15%），多项选择题占了80%。这种考试形式具有较高的客观性，同时也有其优势和特点，例如因答案唯一而信度高、阅卷方便等。（曹杨波，1998）然而，这里所谓的"客观性"也仅限于阅卷过程评分人员不用主观地进行判断，不包括试卷的编制过程。在编制试卷的时候，很多方面都涉及大量的主观判断，比如说考试内容的选定、内容的比例等。而且，Hughes（2000）也特别提出选择题会容许猜测，从统计原理来说，每个题目考生都有25%的机会猜对选项，因此称多项选择题具有高客观性的说法也是具有片面性的。Bachman（2001）指出，选择题比作答要简单，因为后者考核的是学生的语言产出能力，而多项选择题不利于测量考生的真正的语言能力。

2.1.2　效　　度

在效度的要求下，测试应当准确测量所要测量的内容。效度可划分为内容效度和结构效度。内容效度强调测试的内容与测试的目标密切相关。教师为了了解学生对英语知识的掌握情况，最可靠的方法是进行一次全面的考试，考试的范围包括所有学过的内容。然而，这在实践操作中是不可行的。我们必须对外语学习中的基本问题和主要问题进行分析，从可能的题目中选取适当的数量编成试卷。若考试题目是外语知识的典型代表，则内容效度高；若选题有偏差，则内容效度不好。

在内容效度的指导下，任务的设计需要注意以下两点：①测试任务与测试目标的一致性；②测试任务与测试对象知识水平的一致性。任务式语言测试的目标就是通过测试者完成任务的表现揭示其语言交际能力，所以选择的任务应具有真实性，在形式上与现实生活中存在的任务相一致。例如，在实际生活中学生常会遇到记笔记的情况，在测试中就可以选择听写任务；通过对话任务，测试者可以完成信息咨询、意见交换的过程等。此外，在设计任务时还应考虑测试者的知识水平，选择难易程度适当的任务。任务设计得太难或者过于简单，都不利于对学生语言能力的评价。任务如果太难，学生就难以完成，这样就达不到预期的测试目的；任务如果过易，学生就会对设计的任务失去兴趣，也不能很好地反映他们的语言能力。

结构效度是指考试的结果能在多大程度上解释学习者的语言能力及与语言能力有关的心理特征。（刘润清，2000）

在结构效度上，任务式语言测试需要面对的一个重要问题是：测试者完成的任务在多大程度上反应其相应的语言能力。语言能力是潜在的心理品质，属于隐态。任务是显态的语言行为，语言测试就是通过测试者显态的语言行为（即任务区）评价隐态的语言能力。既然测试注重的是受试者的交际能力而非单纯的语言知识，强调的是语言的运用而不是语言的用法，在设计任务时就要注意任务的综合性，从听、说、读、写各方面评价考生自如运用语言知识完成任务的交际能力。Bachman（1996：77）提出了"语言能力成分：测试及分析核对表"。表中语言能力被细分为语言组织能力与语用能力，前者包括语法与语篇，后者含有功能和社会语言学。在任务式语言测试的任务设计中，我们必须把语言能力的多种成分结合成一个整体，才能全面有效地反映受试者的交际语言能力。

在衡量构念效度的时候，我们需要看大学英语综合英语考试对所考核的能力的定义。《大学英语课程教学要求》中教学目标部分所提到的"大学英语的教学目标是培养学生的英语综合应用能力，特别是听说能力，使他们在今后的学习、工作和社会交往中能用英语有效地进行交际，同时增强其自主学习能力，提高综合文化素养，以适应我国社会发展和国际交流的需要"。在综合英语考试实际的考卷中，可以看到考核词汇与结构的完形填空、听力和写作等都是分开测试的，这意味着语言可以分成不同的项目单独进行测试，然而这种分立式测试的做法也是饱受争议的。

Bachman 和 Palmer（1996）将语言运用定义为两人或多人之间在特定情境下的相互交流意义的动态过程。然而分立式的语言项目不具有这样的特征。《大学英语课程教学要求》中强调了"综合应用能力"，但是在试题的设计中强调语言使用的口语考试并未考查。因此本次考试的构念效度值得进一步商榷。

测试可靠性和有效性的探讨对外语教学实践具有十分重要的指导意义。任何测试都不可能十全十美。同时具有高信度和高效度的语言测试是不存在的。任何语言测试都必须在二者之间进行平衡和折中。从信度与效度等测试标准出发来评价或取舍一种测试模式或测试题型应着重考虑它对教学的影响，看它是否有利于教学目的的实现。语言测试信度高，效度不一定高；而效度高，信度必然高。或者说信度只是必要条件，而不是充分条件，也可以说信度是效度的前提。在信度与效度难以兼得的情况下，笔者认为，语言测试应首先考虑效度要求，在此基础上尽可能地追求信度。同时，需要指出的是，信度和效度对外语交际测试来说非常重要，是外语交际测试的前提和基本要求。

2.2　真实性

真实性（authenticity）作为语言测试的一个重要特征，多年来一直是语言测试研究人员争论的焦点。测试真实性可以使我们从考生在测试中的表现推断出他在非语言测试中的语言使用情况，也有利于我们对考试的开发和评价。但在实际语言测试设计和实施中都不可能实现完全测试真实性。"任何测试都不可能是既真实又自然的语言使用"（Spolsky, 1985: 31-40）。如何正确利用测试真实性成为外语测试中的一大难题。

语言测试的真实性问题是 20 世纪 80 年代以来测试界一直探讨的问题。但长期以来，学术界对真实性的定义莫衷一是，"有人认为'真实性'即'直接性'，即不通过语言能力的中介表现就能测量考生的语言能力"；"另一些人将'真实性'定义为与现实生活的相似程度"（韩宝成，1995：55-60）。虽然这些说法都有一定的道理，但也有种种缺陷。针对上述不足，Bachman 和 Palmer 在《语言测试实践》中曾指出："语言测试的真实性指目标语言使用任务特征（target language use task）与测试任务特征（test task）的一致程度。"（Bachman,1996: 23）

"目标语言使用任务"指通过测试所要预测的被试者在将来工作中为达到一定目

的在特定场合用所学语言进行的一系列活动。例如，商业英语（English for business communication）中，根据目标语言使用任务，被试者应该可以用所学语言胜任办公室工作（如写备忘录和接电话），与代理人、经销商联系（如阅读报告、写建议书、面对面或电话谈判等）。

"测试任务"指能够考察、预测、判断被试者在将来工作中目标语言使用能力的最佳测试方式。目标语言使用任务特征与测试任务特征之间的一致程度越高，测试的真实性就越强。测试任务越真实、与被试者平时学习及使用的语言或内容越接近，其测试行为就会越好。那么，我们根据测试结果（分数）对被试者语言能力所做出的判断就越准确。

语言测试是受试者运用语言知识或技能完成测试任务的过程，是一种受试者在特定情景下语言的输入与输出的交互过程。这一过程可粗略分解为输入、输出和情景。Carroll（1980: 11）曾强调："在讨论语言测试时，真实性永远是一个重要方面。"其中真实性主要体现在：文本的真实性，即语言测试要使用真实的语言材料或文本；任务的真实性，即测试任务与现实中语言交际任务的相似程度；输入的真实性，即语言测试中受试者的行为结果；情景的真实性，即考生完成测试任务的情景与现实生活中完成类似交际任务的场景的相似程度，情景的真实性在很大程度上取决于任务的真实性。

但在实际的语言测试中，要在四个方面完全做到真实是不现实的，因为语言测试中的真实性还具备其他两个特征：①真实性是主观的。试题设计者对测试文本的选择、测试任务和情景的设计都是根据自己的判断来进行的；受试者对测试文本、任务和情景的理解和感受也是一种主观活动。②真实性是相对的。没有绝对的真实和不真实，只有真实程度大与小的问题，不同的受试者对语篇或任务的真实性也有不同的理解。

上文谈到，语言测试是受试者运用语言知识和技能完成测试任务的一个过程，实际上就是一个语言输入和输出的过程。因此要实现语言测试的真实性，我们可以从语言输入的真实性、语言输出的真实性以及结果评价的真实性三个方面入手。

2.2.1 语言输入的真实性

Spolsky 提出："在测试中使用的材料缺乏真实性可引起对测试结果可推测性的怀疑。"所以我们在设计测试时要从材料的来源和外观上体现文本的真实性。以听力测试为例，在材料的选取上，我们应尽量选择与实际生活接近的文本，如新闻、天气预报、讲座、广播等，当然经过加工的来自实际活动的材料，为了符合被试者的英语水平，删除了难句和生词，甚至在结构上有所改动，仍叫人觉得可信。另外，根据实际生活活动虚构的材料，但这些材料来自于以英语为母语的人之手，虽然是虚构的但能够体现以英语为母语的人交际的特点。在外观上也要求尽量做到真实性，这里说的外观指的是语言材料或语言任务最好有视觉的辅助材料。例如，有插图、照片、图表之类，它们生动地体现实际的交际情景。

Carroll 认为，"考生所承担的任务应该是现实生活中的、相互作用的交际活动，而不是对考官的刺激作出典型的、例行的考试反应，或是刺激—反应关系的一部分。"而现行的很多考试都没能较好地体现任务的真实性，只是为了考试而考试，以语言知识为测试重点，而对学生的实际运用能力却很少测试到。

要实现测试的真实性的要求，测试任务就要尽量与现实交际任务一致。现实交际任务特征与测试任务特征之间的一致程度越高，测试的真实性就越强，测试任务越真实，与被试者平时学习及使用的语言或内容越接近，其测试行为就会越好。举例说来，参加商务英语培训的人员会经常因出国而需要填写登机表，在他们毕业测试时就可以设计这样一个听力活动，让被测试者先听一段录音，然后根据录音内容填写乘坐飞机的时刻表及注意事项，这样该活动就具有很强的任务真实性。我们提倡通过需求分析寻找具有代表性的测试任务，通过这种方法选取的测试任务自然能够反映现实生活中的语言使用任务。需要强调的是除了任务形式一致性的要求外，真实性更注重任务内容的一致性即语料的真实性。比如在选择听力任务的语料时不要采用标准语音录制的对话或短文慢速播放，我们在现实生活中与人交流或是收看、收听新闻节目时都不是这种缓慢的语速。另外，不同的地区的人讲话或多或少都带有口音，只选取标准语音材料也有失测试的真实性。因此，在设计听力任务时尽量接近实际语言运用，如增加广播新闻、名人演讲等。

测试情景的真实性是指设计测试任务的情景与实际生活中完成类似任务的场景的相似程度。由于情景都是完成任务的场景，任务都是在一定的场景下进行的，因此情景的真实性在很大程度上取决于任务的真实性。而在生活中在无数的任务和情景中选取哪些具有代表性的场景来考查考生的语言运用能力，就成为保证情景真实性乃至测试真实性的一个重要问题。

2.2.2 语言输出的真实性

输出的真实性是指考生在测试情景下输出的语言是否符合目标语的语法、语用规范以及流利程度。其受到任务的真实性与文本的真实性（合称输入的真实性）的影响，也受到题目题型的影响：具体来说，作文、口试等主观题型输入真实性比选择题等客观题型要大，其输出的真实性也就相应的比客观题型要大。所以我们设计的测试要尽量有利于学生的输出。

2.2.3 结果评价的真实性

目前中外许多学者都已对语言测试真实性问题做了较为广泛的阐述，但大多只是集中在测试的材料、题目、任务、情景、实施等方面，而对评分方面的真实性提及甚少。评分是真实性研究中未受重视的环节，主要指两个方面：评分标准和评分过程。关于如何评分，Bachman 和 Palmer 做了较为详尽的阐述（Bachman, 1996: 24），下面将主要讨论产出性测试的评分标准问题。Bachman 和 Palmer 参照真实性和交互性，建议对答案的正确性使用多维标准，提倡对部分正确的答案给予一定的分数，然而他们也没有深入探讨评分的真实性问题。保证评分的真实性，关键是要有一个详细的评分标准。在确定评分标准时，要考虑到目标语使用域和测试目的，例如：在分班测试中，语法正确性被认为是最重要的因素，而在职业目标测试中，适切性和是否完成任务会更好地反映目标语使用的要求。真实性的语言有时被等同于本族语者所使用的语言，但是人们越来越意识到本族语者的标准并不一定被用于评估非本族语者的水平，而即使采用了这些标准，本族语者的语言也是千变万化的，采用哪种形式作为标准也是一个问题。Bachman（1990）认为，语言使用取决于具体语境，因此具有唯一性。所以，语言使用的复杂性，决定了评分标准的多样性，也就不存在普遍适用的评分标准。如果说一个测试是真实的，就要在"对谁来说、在谁看来、在什么时间、什么地点、什么目的、什么水平层次等方面"说明其真实性。Spence-Brown 指出了一种确保评分标准真实性的方法就是让目标语使用域的专家（非语言教师或语言学家）参与到测试开发过程中。（聂建中，2008）

据此判断，本次综合英语成绩测试（附录 1）中的很多测试任务涉及购物、学习生活、交通、社会家庭、人际关系、职业、文化等，测试者多会使用此类日常英语，真实性相对很高，因为目标语言使用域中的语言使用任务特征得到了足够的重视。例如：Part Ⅱ Listening Comprehension；Part Ⅴ Translation；常用语句翻译；Part Ⅵ

Writing 友谊，生活中的永恒话题；Part Ⅳ Cloze 1）美国硬币、情人节等，但真实性程度有限。例如：第一部分快速阅读关于 Stars（星星）——天文知识的探讨以及第三部分仔细阅读对于"opinion"以及基于日本环境下影响人们"problem-solving"的因素和特点的探讨等。换言之，虽然阅读理解部分内容会加深被测者对某一观点的理解，但在未来的工作中不常用到，除非在某些特殊的场合，因此真实性不高。尤其是快速阅读部分，专业性很强。除此之外，以此次成绩测试的听力部分为例，听力部分共 40 题，占 35 分。该听力任务与考生日常目标语言使用域（大学生的现实生活和学习生活中的语言使用）任务之间虽有一定的相似性，但是学生在生活中听到的英语并不都是标准英语，而且，在学习过程中，"听"与"说"、"读"、"写"等技能是不完全分开的，那么学生在听完听力材料之后再进行答题的情况在现实生活中有多大发生的几率呢？本次成绩测试中客观题占了 80%，均是以四选一的多项选择题的形式出现的。其实，多项选择题是不真实的任务，因为在现实生活中，人们很少会面对四个选项，并从中选择一个来表达自己的理解。Hughes（2000）也认为选择答案的形式给受试者带来了"不自然"的负担，因为他们在处理输入信息的时候还要记住那四个选项。

总之，语言测试的真实性是一个复杂的问题，虽然学者们对真实性的理论构成及其在测试实践中的实现方式的看法不尽相同，但对真实性在语言测试中的重要性问题上已经达成共识。然而目前对真实性的理论研究尚不完善，在真实性涉及的因素、真实性的本质、真实性对于测试实践的影响等许多方面尚无定论。在实践中，真实性原则体现在整个语言测试的各个环节中，包括测试设计、文本、任务、情景、实施、评分等各个方面，要达到真实性的要求，就要从测试的各个环节确保其真实性。

2.3 互动性

互动性（interactiveness）是指在完成一项测试任务中涉及的受试者个人特征的程度和种类。与语言测试最为相关的个人特征包括语言能力、话题知识和情感图式三方面。（Bachman & Palmer, 1996）。

语言能力就是把语言知识和语言使用的场景结合起来，创造并解释意义的能力。语言知识是储存在人们大脑长期记忆中的，为语言能力所特有的一个信息范畴。策略能力指为语言使用及其他认知活动提供管理功能的一系列元认知策略。

话题知识也叫知识图式或现实世界知识。它指在人们长期记忆中的知识结构。它为人们在其生活的现实世界中使用语言提供了一个信息库，因此它与所有的语言使用都有关系。

情感图式指与话题知识互为关联的情感方面的内容。它为语言使用者有意无意根据自己以往的情感经历来评估语言使用任务及场景提供了基础。

"互动性"强调的是受试者的个人特征与测试任务之间的互动。也就是受试者语言能力、话题知识、情感图式在测试任务中的参与程度。被试者在完成一件测试任务时，其语言能力、话题知识及情感图式这三个方面的特征是否都起作用，或只是其中一个或两个起作用，各自起作用的程度又有多大，都对交互性有影响。

我国学者徐强将话题知识称作知识面。他（2000）指出"知识面就是考生是否或者在多大程度上具有考试任务所涉及的主题或话题方面的知识"。如果一项考试任务涉及的话题知识是考生熟悉的内容，那么考生就会对考试任务做出积极的反应，就会增强考生与测试内容之间的互动性。反之，如果考生对话题知识不熟悉的话便会无所适从。因此，保证考试具有互动性的一个要求就是在设计考试任务时，不使任务所涉及的知识超出考生的知识面。所谓情感图式就是与话题知识相关联的情感或情绪。（Bachman & Palmer, 1996）情感图式会影响考生对考试任务的情感反应，因此，在设计考试任务时，所设计的考试内容应该能够促进考生对考试任务产生舒服或安全的情感反应。对于语言能力的定义，可以根据语言教学大纲中的内容，也可以根据语言能力的理论模型。（Bachman & Palmer, 1996）如果一项考试任务涉及考生多方面语言能力的参与来完成答题，则考生与此项考试任务的互动性会大大增强。

本次综合英语成绩测试（附录 1）中的完形填空和写作部分分别是有关情人节和朋友的内容，是学生熟悉的内容，且能激起学生美好的憧憬的情感反应。

例 [1] 完形填空

The Valentine's Day is a big day not only for the lovers, but also for the rose growers. Rose remains the most 71）_____ flower because love never goes out of style.

例 [2]Part Ⅵ Writing 友谊

同样，在听力、阅读理解中设计者都选择了受试者较为熟悉的材料，如星星、硬币等，都是学生在日常生活中能接触到的话题。这说明，该成绩测试的设计者考虑到了受试者的背景知识因素，面对这些熟悉的话题，学生情感上乐于接受，行动上对考试任务做出的反应便更为积极，综合运用各种能力和策略进行答题，从而与测试内容之间的互动性也更强。

遗憾的是本次考试大多数任务都是采取多项选择题的形式，它所考察的能力更多地偏向辨认能力而非实际使用语言的能力。这从某种程度上挫伤了学生综合运用各种能力和策略进行答题的积极性。

简单地说，应试者与任务之间的互动关系即为交互性。语言知识与语言使用的场景是一个动态的结合，测量考生的语言交际能力就需要在这一动态的环境中考查其运用语言知识完成任务的能力。所以，测试时不宜选取大量的脱离语境的任务单纯地考查考生的语言知识。此外，这种交互关系还体现了学生的主体性，即结合自己已有的知识将所学语言融会贯通，清除完成任务过程中遇到的种种阻碍。在设计此类任务时有三方面的参考：信息差任务、逻辑差任务以及观点差任务。信息差任务指交际双方交换有一方不知道的新信息是进行信息的译码和编码，在口语测试中可采取这种存在信息差的咨询任务。推理差任务是通过推理演绎过程从所传达的信息中获取一些新信息的任务，多用于阅读理解的测试中。观点差任务是指在语言情景中鉴别和表达个人态度、情感等，在口语测试或写作测试中均可采取此类任务。

要使测试具有交互性，需要注意以下几个问题：

（1）关注考生个人特征与测试任务的一致性

关注考生个人特征与测试任务的一致性，即要求测试任务与考生个人特征相吻合。现举例说明（见表 2-1）。

表 2-1　两组考生的个人特征

	第一组考生	第二组考生
年龄	大学适龄	大学适龄
性别	男女皆有	男女皆有
外语	英语	英语
教育背景	大学一年级英语专业本科生	大学一年级艺术专业本科生
测试经历	参加过标准化考试，如 NMET，CET-4	未参加标准化考试

由表 2-1 可知，这两组考生在教育背景和测试经历方面存在差异。因此，测试他

们的考题理所当然不一样。首先，教育背景不同决定了这两组学生的英语语言知识和能力以及处理和解决问题的策略不一样，测试的内容肯定不同，同时测试的方式也该因人而异。其次，测试经历不同决定了试卷的格式不同。因此，我们需要准备两份完全不同的试题。

（2）关注考生的主题知识与测试任务的一致性

如果主题知识和测试任务相吻合，则交互性强，否则，交互性弱。如需要编制两份考题测试两群考生的英语语言能力。一群考生为南京航空航天大学英语专业一年级本科生，另一群考生为南京航空航天大学非英语专业的一年级本科生。很明显，第一群考生的主题知识具有同质性，而第二群考生的主题知识呈现多样性，因此关注第一群考生的主题知识比关注第二群考生的主题知识要容易得多。关于第一群考生，如果试题编写人员恰是教授这群学生的教师，那么，可先对考生的主题知识做一个总体描述，相信照此编写的试题能够与考生的主题知识吻合或基本吻合，这样考生有望与测试任务进行有效的交流。命题人员如果对第一群学生不了解，那么首先应该做的就是请教授这些学生的教师描述他们的主题知识，然后根据理论进行取舍，最后编写的试题也可有望达到交互性的要求。至于第二群考生，由于他们的主题知识差异较大，所以命题人员首先要做的就是请了解这些考生的不同教师描述他们的主题知识，如果他们的主题知识有共同点，选其共同点作为试题编写的基础。如在阅读理解的四篇短文中，可有一篇或两篇短文与第二群考生的共同主题知识一致，其余的短文为他们可能读懂的，这样交互性就可得到保证。总之，要选取考生的共同主题知识作为试题内容的根据。

（3）关注考生情感图式与测试任务的一致性

从前面的讨论中，我们了解到在考试中考生的情感图式总是在起作用，肯定的情感反应帮助考生，否定的情感反应抑制考生水平的正常发挥，所以命题人员要做的而且必须要做的就是帮助考生对考试题目做出正面的情感反应。那么，怎样才能做到呢？笔者有以下建议：

1）考场环境。考生在测试中是否感觉舒适，测试条件起着很大的作用。下列因素可能引起不舒适感，难以保证交互性的实现。

第一，光线差。光线差的教室不能作为考场。它使考生感到压抑，就像我们在阴暗的天气里所感受到的一样。

第二，座位拥挤。如果考生间的距离不合理，他们会有一种受挤压的感觉。合理的座位安排除了给考生舒适感之外，还可避免作弊。

第三，噪音。考试需要考生全身心的投入，而噪音往往会分散考生的精力和注意力，使考生心情烦躁。

第四，通风设备。考场的通风设备是很重要的。通风设备不好的考场，空气污浊，霉味重，使考生极不舒服。

第五，考试仪器差。在考试前，要准备好考试仪器，确保它们能正常工作。尤其是在听力测试中，录音机放出不清晰的声音，如嘶哑的，时有时无的，或频率高低不平的声音，都会使考生很恼火。

2）监考。监考的方式方法以及监考人员的态度都会影响交互性的正常实现。在监考过程中要尽量避免监考人员用威胁性语言警告考生不要作弊；占用考试时间讲解考试规则、宣布考场纪律；在考场内来回不停地走动等情况的发生。除了避免这些情况以外，监考人员还应该在考试进行期间杜绝任何与考试无关的人员进出考场；宣读考试要求以让全体考生清楚明白；在考试结束前的某个时间点提醒考生还剩下多少时间以让考生从容地完成考试。

3）考试方法。测试指令、语言输入、期望答案、语言输入与答案的关系都将影响考试的交互性。这里要强调的是出题时题型的选择，如用多项选择题和完形填空去考查基本类似的知识点，则完全有可能的情况是：学生在多项选择题里的得分高于其在完形填空里的得分（见表2-2）。

表 2-2　南京航空航天大学综合英语考试客观题各部分得分情况

	N	极小值	极大值	均值	标准差	方差
快阅	221	0.00	20.00	15.7828	3.08484	9.516
细阅	221	2.00	20.00	14.2715	2.66945	7.126
完形填空	221	4.00	19.00	11.2353	2.74008	7.508
有效的 N（列表状态）	221					

由表2-2可知，以多项选择题题型出现的阅读测试得分明显高于完形填空得分。如果把得分情况绘制成条形统计图（图2-1），那么我们就可以更直观地了解客观题各部分的得分。

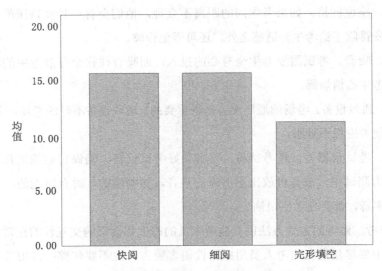

图 2-1　综英考试客观题各部分得分情况条形统计图

　　另外，笔者发现，有将近 60% 的学生不喜欢或讨厌完形测试，而只有少数教师认为学生很喜欢或喜欢完形测试。Bachman 也认为有些考生在多项选择测试中能做得非常好，但在写作测试中却做得很差。因此，测试设计者在设计题型时要充分考虑考生对题型的喜好，因为测试的目的在于让考生考出真实水平，而不是要考"倒"他们。

　　4）考生情感。考场环境不佳、监考不妥、考试方法不当都会影响考生的情感。除此之外，我们还应关注考生的个人情感，如考题不可含有性别、种族、文化、宗教、地区、政治等方面的歧视内容和不愉快的题目，否则考生就很难与题目进行有效的交流，甚至会出现逆反心理或抵触情绪。

　　（4）关注语言能力与测试任务的一致性

　　语言能力是任何一次考试原本需要最关注的内容。根据 Bachman 的模式，笔者以为考题应该以适当的比例考核考生的语言能力和策略能力，形成一个平衡的样板。例如，考生的层次不同，试题所含内容的多少就不同。水平低，内容少；水平高，内容多。另外，如果测试的重点是语言组织能力，那么语法能力和语篇能力的比重就要大些；如果强调语言的使用能力，功能能力和社会语言能力的测试比重则相应增加。

总之，要达到测试交互性的要求，测试者必须同时且充分考虑测试任务特征和考生特征这两方面，要看测试任务特征和考生特征是否一致以及达到何种程度的一致。因此，我们认为在设计开发试题时，应该充分考虑以上问题，同时在编写试题时，也应该尽量满足测试任务特征和考生特征的一致性，从而有利于交互性的实现。

2.4　反拨作用（冲击力）

Bachman 和 Palmer（1996）指出"测试的另一个质量就是它对社会、教育体制以及在这些教育体制下的个人产生影响。影响的一个重要方面就是回拨效应"（backwash effect）。Hughes（2000）指出"测试的回波效应可能是积极的也可能是消极的"。根据 Bachman 和 Palmer（1996）的观点，后效作用主要体现在两个层面上：微观的层面，也就是测试对个人的影响；宏观的层面，也就是测试对教育体制和社会的影响。可见，测试的后效作用是客观存在的，因此，在测试设计和评估阶段需要考虑测试的回拨效应。作为期末考试的此次成绩测试，直接受回拨效应影响的有受试者和教师。

对于受试者学生而言，这种影响主要体现在三个方面：①受试者准备和参与考试的过程；②受试者得到的关于他们的测试结果的反馈信息；③基于测试分数可能对受试者做出的决定。正面的影响是学生英语学习自主性加强，而负面影响则体现在学生忙于应试技巧的训练，学生忙于做模拟练习。此次的成绩测试是一次期末考试，对于学生而言，痛苦的则是成绩测试的成绩与学分、奖学金的评定相关联，这一点对学生产生了很大的影响。

对于教师而言，如果教师认为测试内容与所教内容不吻合，那么测试会对教学带来消极的反拨作用。（Bachman & Palmer, 1996）如果测试理念与教学理念不符的话，测试也会对教学带来消极的反拨作用。原因是不仅学生会对测试内容感到不适应，而且教师也不能自如地在教学过程中运用他们认为能够促进有效学习的教学理念进行教学，从而影响教学质量。因此在编制试卷的时候，对测试内容的选择既要考虑实际的教学内容，也要考虑测试理念与教学理念应该相互适合。

因此，语言测试对教学与学生的语言习得都起到反拨作用。这种反拨作用可以是积极的、正面的，也可以是消极的、负面的。科学公正的测试可以对学习者的语言能力进行客观、准确的评价，并体现他们对教学内容的掌握程度，使学生发现自己的缺点以及不足，从而把握进一步努力的方向；同时，也可以使教师认识到自己在教学内容以及教学方法上的不足之处，从而做出相应的调整。这是反拨的正面作用。而反拨的负面作用也存在于很多方面，如考试作弊、应试培训和模拟试题集泛滥等。这样，测试反而限制了学生学习时对深度和广度的注重，使学生纯粹为了考试而学习，不利于学生的长远发展。因此，语言测试工作者必须高度重视测试对教学和学习的反拨作用。

此次综合英语成绩测试试卷分析发现：这套试题客观题居多，主观题很少。其反拨作用主要表现在两个方面。

（1）负面效应

1）它使一些教师和学生偏重于接受性技能（receptive skills）的培养，忽视产生性技能（productive skills）的培养，容易让他们以知识技能的熟练化为目标，把知识技能视为外在的、供人掌握和存储的东西，而不注意用英文所要表达的真正内容。这样势必造成对英语语言知识的一种固定的思维模式和单一的片面的理解，在更换了语言环境后被试者便不知所措。

2）多项选择题的干扰项本来是因测试的需要而编写的，错误答案的干扰作用有可能使人的思想更加混乱。

3）多项选择题诱导考生猜答案，得分不一定客观反映考生的真正能力。

（2）正面效应

从一定程度上对双语班一个学年的学习情况做了检测，通过考试评定，教师可以了解学生的学习状况，从而调整教学方法或教学难点。学生可以通过自我分析，找到弱点所在，从而有利于提高英语能力。此外，学生还可以通过考试了解西方文化，或引发学生思考。例如完形填空中关于情人节和美国的历史；阅读理解中关于"opinion"，"generalists"的内容都可以激发学生进一步思考，从而拓展视野。

2.5 可行性

根据 Bachman 和 Palmer（1996: 36），可行性（practicality）是指"在测试的设计、发展和使用中所需的资源和进行这些活动可用资源的关系"。

测试的可行性是衡量任务设计完成后能否实施的重要原则。因此在设计任务时应当考虑可行性否则如果由于人力、物力及其他因素的原因不能如期开展，所做的设计也只能前功尽弃。这里所提及的人力包括出题人员、评分员、监考员等；物力包括开展任务的场所、所需设备等；除此之外还应考虑时间因素。举一个具体实例加以说明。如果在一次口语测试中给定的任务是这样的：两个考生一组，每人发一张相似的图片但其中有几处微小的差别，要求考生在不窥视对方图片的情况下通过描述及询问的方式找出两图的不同之处。在这一具体的任务下，我们需要思考的是：是当场给应试者评分还是稍后再评。如果当场评价那么要考虑应试者的人数、可使用的空间、每组完成任务的时间限制及整个测试过程的时间长度。如果时间过长评分者也会产生厌倦心理影响测试的信度。如果不是当场给出评价，那么应考虑采取什么方式录音，使用哪些多媒体设施，是否需要专业技术人员帮忙。这些都应该在任务的设计过程中考虑周全。

2.6　语言测试反拨作用文献综述

教育界把测试对教学和学习的影响称为反拨效应（washback/backwash）。后来，英国应用语言学家把这一概念引用到应用语言学领域，特指语言测试，尤其是外语测试对相应的教学和学习产生的影响。（黄大勇，2002：228）测试在中国的历史久远，然而对外语测试的研究开始的较晚。本书将回顾反拨效用的理论研究成果以及国内反拨效应的实证研究。

2.6.1　理论研究

2.6.1.1　定义

一些研究者认为反拨作用是测试在教室内对教师和学生的影响；而另一些研究者则认为反拨作用是测试对于教育系统甚至整个社会的影响。因此，根据不同的解释，我们可以把反拨效应的定义分成狭义和广义两类。一般来讲，狭义的反拨作用强调了测试在教室内的作用，一般限于测试对教师和学生的影响，这也是最直接的影响。如 Buck（1988：17）认为"反拨作用是教师和学生的一种自然倾向，这种倾向会使他们根据测试的需求去修改课堂活动的内容"。Bachman & Palmer（1996：31）认为，反拨效应对考生的影响主要体现在三个方面：①参加考试的体验或备考的体验；②对其考试成绩所提供的反馈；③只是根据其考试成绩所做出的决定。

广义的反拨作用的定义范围较广，不仅教师和学生受影响，作用范围也扩大到教室外部。例如 Pierce 认为"反拨作用……可以是一项考试对课堂教学法、课程发展和教育政策的影响"（Bailey, 1999: 4）。

反拨作用可以是有利的（正向的）或者是有害的（负向的）。一些研究者假设不好的测试带来负向反拨作用，而好的测试则带来正向反拨作用。当然，"正向或者是负向，也不仅仅是第一眼所见的那样简单"（Alderson & Wall, 1993: 118）。他们还强调，无论测试的优或者差，如果考试可以加强学习动机，带来更多的预习和促进家庭作业的完成，以及加强对测试内容的关注，那么这项测试都会带来有利的反拨作用。之后，Hughes（2003: 44-47）也提出了带来更多的正向反拨作用的八种方法。

2.6.1.2　反拨效应维度的界定与研究

Watanabe（2004）提出反拨效应的五个维度（dimensions）：具体性（specificity）、强度（intensity）、长度（length）、意图（intentionality）、性质（value）。具体性指测试的某一方面或某种测试具体的反拨效应，比如一个考试如果包括听力测试，教学中的听力就会受到重视。与此相对的是普遍性，指任何测试都具有的反拨效应，如促使学生加大学习投入。强度指测试对教学影响的程度有多大。长度指测试影响延续的时间。意图指考试的具体影响是设计者所期望的还是预料之外的。性质指反拨效应是正面的还是负面的。在这五个维度中，性质最为重要，也受到最大关注，有关反拨效应的多数文章都会提及，而划分正、负面效应的标准却不甚明确。（亓鲁霞，2004）研究一个考试的反拨效应，划分正面效应和负面影响，是一种价值判断，判断标准至关重要，但多教学者在讨论此问题时没有明确阐述所用标准。因此，反拨效应的性质，尚需更加广泛深入的讨论与研究，就判断标准达成共识。

2.6.1.3　假设与模型

提出假设、构建模型，是对反拨效应理论研究的不断推进。学者们在这方面提出不少很有见地的理论模式。Alderson & Wall（1993: 120-121）首先对语言测试的反拨效应进行比较全面、深入的探讨，他提出了 15 个反拨效应假设，（Washback Hypothesis）勾勒出了对这一领域进行研究的大致轮廓：测试会影响教学、学习、教学内容、教学方法、学生的学习内容、学习方法、教与学的速度和顺序、教与学的程度和深度、教与学的态度、重要的测试才有反拨效应。后来，Alderson（1996）又补充了一个假设：测试会对不同的教师和学生产生不同程度和类别的反拨效应。可见，Alderson 和 Wall 提出的反拨效应假设主要从学生—教师、学习—教学两个角度和两个方面为反拨效应研究理出了一个思路，为后来的研究者对这一领域进行实证研究奠定了一定基础。

Hughes（1996）在其前期反拨效应研究的基础上，提出了一个"参与者—过程—结果"反拨效应模式，用于探讨反拨效应的工作机理。根据这一模式，一个测试的性质将首先影响参与者对其教学和学习任务的理解和态度，而这种理解和态度又反过来影响参与者完成任务的过程，从而影响学习结果。

基于三分法和 15 个假设，Bailey（1996）构建了考试反拨效应模型，其基础框架取自 Hughes 的三分法，内容包含 Alderson 和 Wall 的假设涉及的各个层面。Bailey 的主要贡献在于整合了各种概念与假设，揭示了反拨效应运行机制的复杂性。在她看来，测试影响并非总是从考试直接到教育系统的各个环节与层面，例如，考试通过教师对教学产生直接影响，同时也通过教材对教学产生间接影响。因此，考试对教学系统各个环节的影响是双向的，甚至是多向的。在此过程中，其他因素（如教材编写者的教学理念）也起作用，很难把它们与考试本身产生的影响区分开来。

Bachman 和 Palmer（1996: 30）则用一个简单的图形，展示反拨效应的各个层面与测试和社会的关系。他们认为，测试的影响始于测试本身及结果的使用，根源却在社会和教育系统，因为如何使用测试结果，由社会或教育系统决定并赋予其价值和意义，测试又反过来对社会、教育系统（宏观层面）以及个人（微观层面）产生影响。个人指与考试相关的所有人，包括考生、考生的亲属、老师等。这个图形表明考试影响的范围与层面，以上理论模式各具特点。Bachmann 和 Palmer 的图形可视为宏观的理论框架，重点揭示考试反拨效应与社会的关系。Hughes 的三分法和 Bailey 的模型对反拨效应进行了较微观而更细致的描述，着眼点是受考试影响的整个教育系统的各个层面。Alderson 和 Wall（1993) 以及 Alderson 和 Hamp-Lyons（1996）共同提出的 16 个假设则专门探讨考试对课堂教学各个方面的影响，深入全面，反映了考试反拨效应的复杂性。（亓鲁霞，2001) 但是，这些模型主要关注反拨效应的范围、层面以及测试与其他因素的交互关系，却忽略了前面提及的反拨效应维度。Green（2006）提出的反拨效应模型，弥补了此缺陷，拓展了早期的理论。

Green 的模型包括两个部分：①考试的特征，包括考试的整体设计、各部分的内容、题型、复杂程度等；②涉考者（特别是考生）的特征，包括他们对考试要求的解读、接受程度、达到此要求所拥有的资源、对考试重要性和难度的判断。该模型的创新之处在于将反拨效应的性质（正面或负面效应）和强度纳入其中。这意味着：

一个考试的构念效度越高，反映拟测能力越全面，正面反拨效应就越容易出现。此外，反拨效应的强度受制于涉考者对考试重要性和难度的判断，考试越重要或风险越高，反拨效应也越强，反之亦然。但难度与反拨效应的强度不成正比，过难或过易的考试都不会带来强反拨效应，唯有那些考生认为具有挑战性且能通过训练提高成绩的考试，才会引发高强度的反拨效应。（亓鲁霞，2012）该模型的创新之处在于，将反拨效应的性质（direction）、可变性（variability）与强度（intensity）纳入其中，认为一个考试的构念效度越高（即反映拟测能力的全面性），正面反拨效应就越强。（亓鲁霞，2011）。

黄大勇（2011：299）综合分析前人对反拨效应的理论探讨，提出测试效应发生模式，探究其产生机制。他认为，测试效应是在一定的社会教育环境中产生的，根源在"效应引入方"即测试结果的使用者（包括误用），测试本身是"效应媒介"，效应通过测试产生并接受其影响，受到测试影响的考生、教师、学校等构成"效应接受方"。此模式的优点是强调反拨效应的环境，并把效应的起源与测试本身分开考虑，揭示了效应的始作俑者不限于测试，有可能来自测试之外的因素，符合测试研究学者们的共识。但是，此模式与前面提到的几个早期理论框架一样，未将反拨效应的几个维度纳入其中综合考虑，解释力仍然有限。

二十年来的探索丰富了反拨效应理论研究，为实证研究提供了操作框架，而实证研究也反过来验证理论假设与模型的有效性，深化了我们对反拨效应的认识。下面回顾国内近十年来主要实证研究和相关发现。

2.6.2　国内实证研究

我国英语考试众多，如大学英语考试（CET）、大学英语口语考试（CET-SET）、全国英语专业考试（TEM）、高考英语试题（NMET）及学校内部的各种英语考试。

通过选取2002—2012年《外语教学与研究》《外语界》《外国语》《现代外语》《外语与外语教学》《外语教学》《解放军外国语学院学报》《外语研究》《外语学刊》等9种核心期刊有关语言测试反拨作用研究的文章，检索结果显示重点研究反拨作用的文章共16篇，而实证类的文章为8篇，足以看出关于反拨效应的实证研究同理论研究一样重要，反拨效应仍是语言测试研究的重要部分。

2.6.2.1　研究对象

在这8篇有关反拨效应的实证研究论文中，研究对象包括CET、CET复合式听写、

NMET、口语考试、期中考试、期末考试以及专四专八考试等。

2.6.2.2　研究内容及发现

孔燕平和聂建中（2002）研究了 CET 复合式听写，通过理论分析和实验研究，得出结论：复合式听写能较全面地反映出考生的总体语言水平，且切实可行，是一种理想的综合性语言测试手段。

原萍（2002）分析了成就测试与外语教学之间的紧密关系，指出外语教学中对此重视不够，并通过实验证明了成就测试对外语教学的确有正面反拨效应。

赵亮（2002）着眼于大学英语基础阶段期末考试改革，通过实验，很好地强化了期末考试反拨作用，对大学英语教学起到了重要的指导意义。

亓鲁霞（2004）研究了我国高考英语（NMET）的反拨效应。通过比较中学的英语教学现状和 NMET 设计者及命题人员的意图，揭示考试是否达到预期的效果。研究方法包括访谈、课堂观察和问卷调查，对象是 NMET 考试人员、英语教研员、教师和学生。高考英语的设计者们曾一度利用高考的巨大影响力，试图改变中学英语教学重知识、轻能力的倾向，通过重点考查语言运用能力，促使教学转向培养学生的英语运用能力。然而，这个良好的愿望却受制于考试目的和其他因素，未能在教学中得到充分体现。研究还探索了阻碍期望反拨效应实现的各种因素，包括考试的双重功能、考试结果的误用等。

唐耀和彭金定（2004）采用描述性研究的方法，对 300 多名大学英语学习者进行了问卷调查、个别访谈和随堂听课。研究结果表明，尽管大学英语口语考试对英语学习的正反拨作用大于其负反拨作用，但它在考生学习者与非考生学习者之间以及在大学英语学习者的学习态度和学习行为之间存在差异。

秦秀白（2012）和徐倩（2012）分别对专四专八进行了实证研究，研究表明，专四专八的正面反拨效应明显大于负面反拨效应，正确地看待专四专八级考试，教师应当有效利用这一教学质量检测手段不断改进教学、提高教学质量。但专八并不是影响英语专业教学的主要因素，师资水平、学生努力程度等对英语教学效果的影响更大。

辜向东和彭莹莹（2010）通过对 CET 改革前后三次问卷调查数据的分析，得出如下结论：大学英语教师总体上对 CET 改革比较熟悉，对其各项改革措施（如听力比重增加、新增快速阅读）的态度较为积极。他们认为，CET 对大学英语教学产生的正面影响远远大于负面影响，而且随着时间的推移，正面影响呈上升的趋势。数据显示，改革后大学英语教学的重心似乎在从阅读向听力转移。不过 CET 只是影响大学英语教学的因素之一，其影响程度没有人们想象得那么大，主要影响因素是学生英语水平、班级大小和学习风气。研究同时发现，部分教师对 CET 改革措施仍然不够了解，教师对翻译技能教学投入的时间相对不足。综合英语教材的完成情况略有下降，四级教材完成情况总体欠佳。这些可能是 CET 或各校关于 CET 的政策措施等因素造成的负面影响。

2.6.2.3 存在问题和未来展望

1）我国的反拨效应研究成果虽然可观，但研究目标分布不均，过于集中在大学英语四、六级考试，较少研究针对其他大规模的考试，如中考英语、全国公共英语等级考试、高等学校英语应用能力考试等。希望未来有更多针对这些考试的研究，使我们对国内语言测试的反拨效应有更全面、更深刻的认识。

2）反拨效应实证研究的效度和信度有待提高，特别是我国的相关研究。问卷调查是常用方法之一，但不少研究者未对问卷的效度和信度进行验证。

3）研究内容还应深入，如对教学方法、学习方法、教学程度和深度、学习程度和深度、速度顺序等方面的研究还有待深入开展。

4）研究的角度还可扩展到测试项目上，如写作、阅读、词汇、语法等，或测试题型，如听写、填空式听写、多项选择题、图表匹配等，考察这些考试项目和题型，对教学产生的反拨作用，才能更好地发挥考试这个指挥棒的作用。

作为考试大国，一些大型语言测试都对我国的英语教学和学习起着较大的影响，因此研究语言测试的反拨效应对今后的英语交际教学至关重要。本书对已有理论研究和国内实证研究进行了梳理，希望为今后进一步的研究提供一定的依据。虽然我国近年对反拨作用开展了研究，但这一领域仍有很大的研究空间和研究价值，希望通过今后的研究可以进一步提高教师语言教学的效果，促进学生语言学习的兴趣。

2.7 本章小结

综上所述，本章对 Bachman 和 Palmer 所提出的有用性原则进行了探讨，并理论联系实践，以南京航空航天大学 2012—2013 学年第二学期综合英语 IV 试卷为文本进行了分析。成绩测试多采用客观题，这样虽然能保证高信度，但是高信度并不意味着高效度，而且高比例地使用多项选择题使得真实性较低。而且该次测试的设计理念仍以分离式测试为主，这与《大学英语课程教学要求》中的培养目标相偏离，也并没有使得实施变得简单，反而为保护其试题和答案造成一定的经济负担。虽然此次考试把考生的语言知识、背景知识、认知策略等考虑在内，但不恰当的试题形式使其难以保证较高的互动性。我们期待这作为检测学生学习成果的成绩测试能够在科学的测试理论指导下，成为与我国现行教学理念相一致的、激励真实语言使用的外语交际测试任务和测试形式。此外，本章还就语言测试的反拨作用进行了文献综述，以期在有用性原则的研究方面进行尝试性的探索。

第 3 章　外语交际测试中的测试类型

随着英语教学的改革和发展，人们越来越关注学生英语交际能力的培养，即学生不仅能够习得英语的基本知识，而且要掌握运用英语这门语言进行有效交流的能力。语言测试与语言教学的关系一直十分密切，二者相互依存。20 世纪 70 年代，美国社会语言学家海姆斯提出"交际能力"这一概念后，语言测试的重点也进而转移到测试学生是否获得这种语言交际能力上去。但是，由于受到传统英语教学的束缚，很多时候在英语课堂上的测试结果往往只是学生对语言知识的掌握，比如语法、词汇、听力等，而显示不出他们英语交际能力究竟如何，因此得不到良好的测试效果，进而达不到良好的教学效果。如今，很多英语"成绩"不错的学生却难以同英语语言者进行流利的交流。这种现象十分普遍。因此，本书主要探讨的是在当今英语教学课堂中应提倡何种英语测试方法来促进学生英语学习，提高他们的英语交际能力水平。

3.1　四种常用的外语交际测试类型

3.1.1　水平考试（proficiency test）（基于语言能力的一些理论）

设计这些水平考试的目的是考察人们使用某一语言的能力，这种能力不考虑他们是否曾在这一语言中受到任何训练。所以，一种水平考试的内容不是基于参加测试者可能修读的语言课程的内容或目标，而是基于参加测试者必须能够用语言做些精通的事情，以表现他们的水平。这里的"水平"意味着对一特定目的，测试者能对语言有充分的控制。例如，一种测试设计用来鉴定某人是否是一名成功的英国译员，类似的考试如托福、剑桥考试（第一证书和剑桥大学水平考试）、雅思、全国英语等级考试等。这些测试的目的是为了检测参加测试者的某一特定能力是否达到了某一标准。这些测试独立于教育机构，因此潜在雇主可以信赖它们。比如，全国大学英语四、六级考试就可以对来自不同机构和国家的候选人做出公平的比较。

3.1.2　成就考试（achievement test）（从涉及的内容分）

成就考试与语言课程直接相关，它们形成的目的是了解学生个体、学生组织或者课程本身在达到目标上的成功程度。成就考试又可分为结业成绩考试和过程成绩考试。前者测试的内容必须与课程内容相关，属于以教学大纲为目录的方法；结业成绩考试的内容应该直接基于一个详细的课程大纲或者使用的课本和其他材料。其优点是公平公正。但它也存在着一定的缺点：如果设计的教学大纲或者选择的材料比较糟糕，结果则会误导人。因此测试内容基于课程目标更为合适。因为这会要求课程设计者对课程目标很清晰，使得用测试的表现来显示学生达到这些目标的程度成为一种可能（这就给那些负责教学大纲的制定者以及对书本和材料的选择者施加了压力，他们必须确保这些材料与课程目标相一致）。而过程成绩测试的目的是测量学生的进步程度。既然进步是相对课程目标的获得，这些测试也就应该与目标相关。这可以通过反复进行结业成绩考试、建立一系列意义明确的短期目标和小测验的形式来实现。

3.1.3　诊断性考试（diagnostic test）

这些测试是用来识别学生的长处和短处。它们的主要目的是确定哪种教育方式是必要的。这对个人指导和自我指导极其有帮助。但很少会建构这样一种测试——仅仅出于诊断的目的并且没有提供非常详尽的信息（例如，对英语语法的全面诊断测试范围就很广，这样一个大范围的测试使得用传统的方式执行就很不切实际）。

3.1.4　分级考试（placement test）（从测试的用途分）

这些测试的目的是提供一些信息，这些信息将学生分到与他们能力最相适宜的教学程序的不同阶段。很有代表性的一种就是把学生分配到不同水平的班级里（见表3-1）。

表 3-1　不同类型测试的用途

用途　　种类	成就测试	水平测试	学能测试	诊断性测试
反馈和反拨	√	√		√
选拔		√	√	
检查过程	√			√
水平评估	√	√		
预测			√	

3.2 直接性测试与间接性测试

直接测试需要受测者准确地展示我们希望测试的技能（例如：写篇作文、演讲等）。这处于测量产出性技能更为容易。其优点是：①如果我们对于想要评估的能力很清楚，就可以明确地创造一种情境引出学生的行为，可以将我们的判断以这些行为为基础。②在产出技能方面，对学生表现的评估和理解也十分明确。③由于测试的实施涉及我们所希望推动的技能的实施，所以很有可能会有一种有益的反拨效应。

间接测试用来尝试测试一些能力，这些能力以我们感兴趣的技能为基础。

例如：托福考试的改错部分就是作为写作能力的间接测试。At first the old woman seemed unwilling to accept anything that was offered her by my friend and I. 其优点是似乎提供了对无限数量的能力的一种代表性例子进行测验的可能性，这些例子以所显示的潜在的无限数量的能力为基础。存在的问题是执行这些测试和执行我们通常更感兴趣的技能的关系往往比较弱，本质比较模糊。

由此可见，水平考试和成就考试属于直接性测试，而诊断性考试则属于间接测试。

3.3 离散项目测试与综合性测试

离散项目测试（discrete point）是逐项检测的，例如用一系列项目分别测试一个特定的语法结构。可以看出，这属于间接测试。而综合测试（integrative testing）要求考生结合大量的语言元素完成任务。例如写一篇作文、一边听一边做课堂笔记、完成完形填空等。可以看出，综合性测试主要是主观测试。

3.4 常模参照测试与标准参照测试

常模参照测试主要用于选拔，是测试者通过考试结果对受测者个体的语言行为与某一个特定群体（所有参加该次考试的考生）做比较，从而确定这一特定群体中受测者个体之间的语言能力的差异。（Bachman, 1996）例如分班测试、研究生录取考试、水平测试等。

标准参照测试是测试者通过考试结果对某个考生的语言行为与预先设计的能力、目标或技能标准做比较，以此来衡量该考生的语言行为是否达到该标准。（Bachman, 1996）它的最大特点是直接描述受测者在测试中表现出来的语言行为，用一个事先决定的尺度去比较所有的考生，因此，标准参照性考试的关键是设定标准。它不做受测者个体之间的差异比较，它所注重的是将受测者考试时的行为扩展到更广泛的行为范围。学业考试、毕业考试及诊断性考试都属于标准参照性考试之列。关于两者与几种用于学校教育测试的对应关系可参见表 3-2。

表 3-2 标准参照考试与常模参照考试下的测试类型（Bachman, 1996）

测试的性质	测试的类型			
	水平测试	分级（班）测试	学业测试	诊断性测试
提供信息的程度	很不具体	不太具体	比较具体	很具体
测试重点	通常为学习前必须掌握的一般性技能	课程中各个不同层次的技能与知识	课程的最终教学目标	课程的最终目标及阶段性具体目标
使用目的	将个人成绩与其他人比较	确定每名学生的能力水平	确定毕业所应达到的水平	使教师和学生了解哪些教学目标尚未达到
实施时间	入学前或毕业前夕	某一课程的初始阶段	课程结束时	课程的初始阶段或进行期间
解释得分	分数的分布	分数的分布	达到目标的人数	达到目标的人数

从表 3-2 中可以看出，对于教师来说，标准参照考试与教学目标及任务联系更加紧密，而常模参照测试则往往是为重大决策提供信息。

Bachman 认为就语言测试和对测试结果的解释两者来说，测试者的唯一最重要的考虑因素是某个特定的测试方法的目的是什么，即测试是为什么服务的。根据常模参照性测试的概念我们可以知道，该测试的目的是甄别受测者的语言水平，即哪个受测者的语言水平好，哪个水平差。例如分级考试（placement tests），当教学计划开始实施之前，为了了解学生的语言程度，通过常模参照测试，把语言程度相差悬殊的学生加以分类，按语言程度划出等级不同的班级，使教师能够有针对性地制定教学方案，因材施教。常模参照测试还被用于各类选拔性考试中。由于标准参照测试只考虑受测个人在测试中的语言行为，不考虑测试中别的受测者的表现，不做受测者个体之间的差异比较这一特点，它常常用于诸如学业考试（achievement tests）、资格考试以及各类会考和统考中。

3.5 客观性测试与主观性测试

客观性测试和主观性测试的不同之处在于计算分数的方法。客观性测试对分数没有主观判断，例如多项选择题的得分是机器阅卷，无需人为判断；而主观测试需要主观判断，例如在阅读一篇文章后对问题做出简短回答的印象分。

3.6 外语教学中需要什么样的测试类型

我国大型英语测试包括：高考和研究生入学考试中的英语测试，全国大学英语四、六级考试以及英语专业四、八级考试等。这些测试虽然在测试内容的范围、层次方面存在差异，但在其他许多方面却存在很多相似之处。从规模上看，它们都是大规模的测试；从反映分数的方法上看，它们都是常模参照测试；从考试的方法来看，它们都以多项选择题为主；从影响来看，它们在社会上有着极高的影响力。这些相似性为下文采用统一的标准进行我国英语现状分析提供了可能性。

3.6.1 我国外语测试所处的阶段

陆巧玲和刘素君（2008：98）通过对以上大规模英语测试的统计分析，发现我国语言测试的实践基本遵循了理论发展的脉络：20 世纪 70 年代之前的英语测试处于前科学时期；20 世纪七八十年代，处于心理测量—结构主义时期；20 世纪 80 年代中后期至今，处于测试理论发展的第三阶段，即心理语言学—社会语言学时期。与这一理论时期相对应的语言测试方法是整体综合法（global integrative approach）。整体综合法是针对采用以离散题为主进行测试的方法而提出来的。离散题把语言技能加以分解，而综合测试正好相反。主张采用离散题的人认为一次只可以测试一个语言点，而整体综合法则主张测试在一定的语境中进行，不在考试中刻意区分各单项语言成分、技能和能力，而是强调两项和两项以上的综合评估。这一时期采用得比较多的是综合题，如：完形填空、综合改错、听写、口试、作文等等。（Brown, 2005：21；薛荣，2008：45）

3.6.2 测试有用性原则指导下的分析

1) 我国大型英语测试无论是在改革前还是在改革后，都大量使用客观题。以大学英语四级考试为例：1996 年 1 月前，客观题的比重高达 85%；1996 年 1 月后由于增加了翻译项目，客观题的比重有所下调，但仍高达 75%；2005 年 6 月后教育部颁布了四、六级改革方案，根据这一方案四级的客观题进一步下调，但仍占 70% 的比例。又比如说高校专业英语四级：根据 1994 年《高校专业英语四级考试大纲》的要求，主观题和客观题的比例分别为 35% 和 65%。后来根据形势的需要，高等学校外语专业教学指导委员会英语组对英语专业四级考试大纲进行了修订。修改后主客观题的比例分别调整为 40% 和 60%。同样的情况也存在于研究生入学考试、大学英语六级和专业英语八级中。大量主观题的使用，保证了测试结构的可靠性、评分的客观性，从而使这些大型英语测试都具有较高的信度。

但值得注意的是，高考中的英语测试在这些测试中比较特殊。高考英语考试在我国开始得比较早，加上在恢复高考初期，我国语言教学主要采取了语法—翻译法，因此英语测试的主要题型是回答问题、英译汉和汉译英，即主观题所占的比例非常高。所以对于高考来讲，它在一开始信度其实并不高。但后来随着我国语言观的转变和英语教学法向听说法和交际法的过渡，高考的题型被不断地调整，因此也具有较高的信度。

2）相对于信度而言，我国大型英语测试在结构效度上还是有待提高的。语言测试服务于语言教学，应该随着语言观的发展而发展，也应随着教学理念和教学法的更新而更新。20 世纪 80 年代中期开始流行的交际功能观和 20 世纪 90 年以后兴起的任务教学法都对语言测试的改革提出了新的要求。（刘红梅和杨留华，2004：57）我国语言测试基本上顺应了这个趋势，主要表现在：近年来大型英语测试都在不断的改革当中，综合测试法有所增加。但是，我们必须认识到我国语言测试的改革力度还是不够的。虽然历经多次改革，我国大型英语测试还是以结构主义语言测试理论为基础的多选题为主，而客观性测试的效度普遍偏低。如大学英语四级虽历经多次改革，但至今客观题的比例仍高达 70%。此外我国一些大型英语测试中某些语言项目的测试与实际语言能力的相关性不高，很难体现当代语言教学提倡的语言交际能力方面的考查。（刘红梅和杨留华，2004：57）。

3）我国大型英语测试的测试对象比较广。高考中的英语测试面对的是全国参加高考的考生；研究生入学考试的英语测试则测试所有参加研究生入学考试的学生；大学英语四、六级的测试对象是几乎所有在校大学生；专业英语四、八级则测试所有英语专业的学生。为了能够满足来自全国各地所有考生的要求，这些测试一般只能粗线条地考查学生的听、说、读、写、译的能力，而很少能具体地考查学生在特定场合运用英语进行交际的能力。另外，由于这些测试在现阶段主要是基于纸笔的测试，试卷的呈现方式只能是单独的文字或者再加一些简单的图表，而且学生的答题方式也主要限于文字。这些因素使得学生在测试中面临的语言环境和任务与现实生活中的有所脱节，测试中的真实性比较低。

当然，随着基于计算机的语言测试的逐步推行，我国大型英语测试的真实性也在逐步增强。比如我国大学英语四、六级考试已经开始推进计算机考试。这种改革使得试卷呈现方式走向多样化，集声音、动画、视频等于一体，考生能够在更加真实的语言环境中作答，而且完成任务的过程也与生活中的任务更加相似。这正是语言测试研究者所追求的目标，也是更加人性化的考试方式。但是，我们应该意识到大学英语的这种改革还处在起步阶段，而其他大型英语测试还主要停留在基于纸笔的测试当中，所以我国英语测试在增强真实性方面还有很多需要努力的地方。

4）从目前的现状来看，我国大型英语测试的交互性仍然比较弱，尤其体现在笔试上。长期以来，我们的测试主要考查的是学生的词汇量、语法的掌握程度、阅读能力，因此题型多为选择题。这些测试中对考生的语言运用要求极为有限，考生只要从所给选项中选出正确的答案即可。在整个测试中，考生之间是不允许进行任何互动的，因此交互性较低。

值得庆幸的是，近年来我国大型英语测试中口试的设立在一定程度上弥补了测试中交互性不足的现状。例如，我国大学英语四、六级考试委员会自1999年起开始举行大学英语四、六级口试考试。这一口试的主要任务是单独发言以及与其他考生进行讨论，重点考核的内容是考生话语轮换的能力，以及进行交际时所用的会话策略，如交际出现困难时修补话语、协调意义、请求核实意义或重复等。（金艳，2000：56）在完成这类考试任务后，考生不再从所给选项中选择正确答案，而是根据自己的理解或者之前的经历，选择适合自己的角度作答，而且在整个测试过程中，考生能够与其他考生互动。因此这类测试不仅能够提高测试的交互性，而且还能够更好地了解考生语言交际方面的能力，即进一步巩固了我国大型英语测试的效度。

5）长期以来，我国大型英语测试都深刻地影响着整个社会、教育体制和个人。这种影响包括正负两个方面。王灵芝和史建权（2006：121-122）在"英语四、六级考试对英语教学的后效作用"中提到，大学英语四、六级对英语教学是正负效应并存的。正效作用主要表现在：①加速了大学英语教学内容和训练项目的规范化、标准化，有效地发挥考试的指导作用；②为教学提出了一个目标，促使教师在教学中注意对其教学方法、教学重点的调整；③对师生教与学具有激励作用。而负效作用包括两方面。一方面是对英语教学的影响，主要表现在：①打乱教学计划；②迷失教学目标；③限制教学手段和方法。另一方面是对学生英语学习的影响，主要体现在：①学生学习观念不正确；②许多学生心理压力大，因此失去了学习兴趣；③导致学生的高分低能。

　　事实上，这种正效应与负效应并存的现象不只存在于大学英语四、六级考试当中，其他大型英语测试的情况也非常类似。虽然这些大型英语测试为全国各地不同阶段的英语教学指明了目标、规范了教学内容并且促进了师生之间的互相了解，激励了师生的教与学。但是，与此同时，这些测试却束缚了学习内容、抑制了学生能力的全面发展。此外，这些大规模测试的存在，还使得我们学校的英语教学都围绕着如何帮助学生顺利通过这些测试而展开，打乱了正常的教学计划。大规模测试还使得社会上出现各种培训班，由于能上培训班的考生一般是经济上比较宽裕的学生，所以这在一定程度上降低了测试的公平性和真实性。

　　6）由于教育部的重视，高等教育司、各考试委员会、考试中心、各院校以及相关管理部门的积极配合，以上大型英语测试历来都受到良好的保障，具有较好的可行性。但是不可忽视的是，由于这些测试设计范围之广、影响之大，这些测试的组织难度大，保密要求很高，难以完全杜绝作弊现象。另外，由于这些测试规模大，并且主要是基于纸笔的测试，每年将会消耗大量的木材，以及人力和物力。这些不符合我国可持续发展的要求，因此各大型考试可能在这方面做出改革，例如，大学英语四、六级已经开始机试的试点考试。

3.6.3　我国外语教学中需要什么样的测试

　　随着经济的发展和改革开放的深入，我国越来越多地参与到国际事务当中。与此同时，越来越多的国外人事和企业来中国投资和旅游等。在这种背景下，英语的作用越来越大，地位逐渐提升，而作为衡量英语学习者英语掌握情况和运用能力的英语测试也日益备受关注。英语测试的成绩不仅为学校、教师和考生、父母所重视，而且还成为社会上用人的重要标准之一。因此了解语言测试的发展趋势，无论是为了在测试中发挥最佳的水平，还是为了更准确地将测试成绩作为参考标准，甚至是为了测试的顺利改革，都具有重要的意义。

　　将来的语言测试将向直接性测试、综合性测试、主观性测试、CRT、终结性形成性相结合、交际型测试的方向发展，因此，效度将会受到更多的关注。如何选择具有代表性的语言行为，如何精确巧妙地设计试题测试学生的潜在能力等都会成为研究的焦点。当然，在效度得到提高的同时，我们也需要保证相当的信度，比如控制好影响信度的因素——考场的环境、评分标准等。而对于现存的考试，以 CET-6 为例，现在也一直在改革，不仅仅是以往单纯关注信度的考试（客观题信度高，以前 CET-6

客观题比重较高），而是加入了诸如翻译这样的主观题，更好地测试学生的语言能力。当然，什么样的翻译题考察学生哪方面的能力还需要进一步明确与改进。调整测试中主客观试题的比重不失为一种寻求效度和信度平衡的方法，但具体的比例还需长期的研究与实验。事实上，效度和信度在不同类型的语言测试中位置是不同的，得由具体的测试目的及其特点来决定，任何测试都是二者"相妥协"的过程，在寻求高效度、高信度的同时互相妥协。

（1）常模参照测试（norm-referenced test）与标准参照（criterion-referenced）测试在外语测试中的互补

常模参照考试的目的是将每个人的分数与所要比较的团体中的其他人做比较，要显示被试者之间的差异，考试的主要目的是选拔人才，如高考，大学英语四、六级考试。标准参照考试是是以某种既定的标准为参照系进行解释的考试，目的是想了解被试者是否按照要求掌握了知识与技能，看看某个学生个体分数处在这个标准中的什么位置，如公务员考试等。

它的作用是通过测试了解学生掌握知识和能力的水平，对学生的学习情况做出诊断，发现学生的强项和弱项，向学生、家长提供改进的建议。同时，我们还可以利用 CRT 的冲击力（washback effect），发现教学中存在的问题，对学校教学提出改进建议，使得教学工作能够做出及时调整，最终优化教学质量。21 世纪，中国开始贯彻"以人为本"、"素质教育"的教学理念，同样具有"以人为本"意识的 CRT 测试正顺应了时代及社会的需求。CRT 考试并不注重学生间的竞争对比，而是让每个学生通过学习达到自己的最大极限，它更能营造友好的班级学习气氛，促进同学间的关系更"和谐"。目前国际上测试模式正由只注重 NRT 向同时注重 NRT 和 CRT 转变，CRT 的作用得到越来越多的重视。笔者认为，在强调学生各项技能全面发展的当下教育形势下，应该大力宣传、试用标准参照考试，从而使校内日常考试真正做到有利于教学、有利于发现问题、有利于促进每一学科学习成绩的提高。我们试想今后是否可以利用 CRT 考试来提高基础阶段素质教育的质量。

因此，基于外语学习和测试的特点，下文提出以标准参照语言测试为主、常模参照语言测试为辅，两者互相补充，最终形成一个统一而完善的测试系统的外语交际测试模式。

1）标准参照语言测试为主、常模参照语言测试为辅的方式。一二级别的英语学习者往往语言基本功比较薄弱，这就要求外语教学及测试适应这一特点。对于测试来说，就需要及时地检验学习者语言习得的状态，了解他们在语言习得中薄弱的环节，从而为教学提供指导。上文中提到，标准参照性考试与教学目标及任务联系更加紧密，所以外语交际测试应该以标准参照测试为主；同时，借助常模参照测试，教育管理者能从教学之初就对教学对象的水平有一个很好的了解，便于采取诸如分班、分级等相应的措施，来更好地为学习者提供合适的学习环境。因此常模参照测试应在外语交际测试中辅助标准参照测试。笔者认为，在新生入学的时候，教育管理者应该用常模测试对学生的语言水平做一个全面的评估，以此信息作为分级教学的依据，或者作为教师教学的参考。而在英语课程教学的整个过程中，教师应该主要利用标准参照测试（课堂测试、阶段性诊断性测试、学业测试），及时了解学生语言习得的状况，以此作为调整教学的依据。

2）建立一个统一而完善的测试系统。目前，外语交际测试缺乏一个统一而完善的测试系统。教师很多时候都是随自己的意愿进行教学测试，其中包括课堂测试、期末的学业测试等。这些测试往往缺乏科学性和合理性，对教学产生消极的反拨作用。笔者认为，一个统一而完善的测试系统对外语教学至关重要。教师以及教育管理者应该协同合作，根据教学大纲的要求，结合外语学习者的特点，设计一套完备的测试系统。这样的测试系统应该满足以下几点要求：①要求统一。即对于同样层次的学生实行统一的测试要求。②时间统一。同一层次的不同的班进行诸如课堂测试的时间应该统一。③系统性。各个阶段进行什么样的测试应该通过科学的调查研究，最终形成统一的标准。

（2）从分离式逐渐转向综合式

从测试的内容和题型来看，我国语言测试呈现出由分离式测试占主导地位逐步转向由综合式测试为主导的趋势。

虽然我国语言测试从 20 世纪 80 年代中后期至今处于心理语言学—社会语言学时期，而且这一理论时期对应的语言测试方法是总体综合法，但是我们也发现由于我国语言测试改革力度还不够，在当前我国英语测试中分离式测试的比重仍然高于综合式测试的比重。因此，在未来的几年里，我国语言测试还会进一步调整分离式测试与综合式测试的比重，逐步转向综合式测试占主导。

由于分离式测试多以客观题为主，而综合式测试侧重考查考生在一定的语境下运用语言的能力，多以主观题为主，因此由分离式测试占主导地位逐步转向由综合式测试为主导的发展趋势有利于改变过去我国语言测试虽然信度高，但效度匮乏的问题。此外，由于这种转变意味着我国英语测试将由测试接受性语言技能转向测试产出性语言技能，因此有利于改变过去部分考生高分低能的问题。

（3）采用诊断性考试和成绩考试的相配合的方法

上文谈到，外语测试有不同的分类方法，根据测试的不同目的，外语测试可以分为水平测试（proficiency test）、成绩测试（achievement test）、诊断测试（diagnostic test）和分级测试（placement test）等。（Hughes, 2000）

Hughes 认为，成绩测试可以细分为终结性成绩测试（final achievement test）和过程性成绩测试（progress achievement test）。终结性成绩测试通常在某一学科学习结束之后进行，试卷的制定和考试的实施可能由相关的教育部门和考试部门负责。而过程性成绩测试的目的是检查教师的教学和学生的学习的进展情况。这种考试既可以是正式的标准化考试，也可以由任课教师根据教学情况自行设计考试的形式和内容。学校的期中考试、平时的测验都属于这类考试。

我们在外语交际课堂教学中，并不是只采用某一种测试，而是几种测试的互相配合、共同作用。笔者认为主要应该采用诊断性考试和成绩考试相结合的方法。

首先，我们将水平考试和学能考试排除在外是因为课堂里的学生，无论是中、小学生还是高中生，甚至是大学生，他们在入学前已经通过相应的水平考试或者学能考试，因此具有相应的语言水平来完成课堂任务，有一定的学习能力来继续学习语言。

其次，在平时的英语课堂教学中，应该采用阶段性的诊断性考试，这也符合过程性评估的要求。诊断考试主要为教师所用。教师根据本人教学需要自行命题，测试重点是了解外语教与学的问题。考试成绩作为诊断教学进展情况之用。这种考试往往在教学过程中进行，为了达到诊断学生学习困难的目的，诊断考试不能像成绩考试和水平考试那样只给一个总分，对学生的语言能力做一个总体评估，而必须提供更多的信息，详细地指出考生的长处与弱点，因此考试内容的选择是诊断考试编写中的一个重要方面。诊断性考试每次考核的范围不能很大，考核的内容必须有代表性，而且每个考核内容必须有适当的题量，这样才能对考生在某一方面的长处与问题做出可靠的推断，并对造成的原因做出合理的解释。比如说，教师可以采用单元测验，在每个单元学完之后，通过单元的诊断性测试检测学生对该单元知识的掌握程度，这样有助于学生补缺补差。然而，要达到交际性目的的诊断性考试并不能像传统考试那样单纯的局限于笔试的形式，而应该形式多样化。比如根据课文所学内容开展情景对话、话题辩论等口语交流的活动，教师根据学生的口语表达水平、逻辑思维清晰程度和反应能力快慢进行打分和评估，以此来提高学生的学习兴趣和交流兴趣。这样开展阶段性的诊断性测试也能够让学生用心学习，随时应对考试。如果在一个学期中，只有期中考试和期末考试，学生可能会放松警惕，掉以轻心，在平时的学习生活中不够用心。

最后，我们采用成绩考试。成绩考试是对学生整体学得知识的衡量，所考察的内容比诊断性测试要广，在课堂教学中通常作为期中考试或者期末考试。其结果在一定程度上代表学生的成绩，体现出学生语言能力的高低以及在较长一段时间的语言学习之后对语言的掌握程度。成绩考试的试卷编写要充分考虑其信度和效度。此外，为达到其交际能力测试的目的，试卷要格外重视其真实性和互动性。采用的任务、话题以及内容要符合真实生活情景。根据测试中任务和真实生活中任务的相似性，我们能根据测试中参加测试人的表现推测出他在实际生活中的表现。真实性也会对语言教学产生积极的反拨作用。（徐强，2000）在交际性语言测试中，互动是一个接受与输入同时的过程，交流互动是检测学习者交际语言能力的最有效形式。这样才能一面既达到了测试学生的目的，一面其结果又是关于学生语言掌握程度的良好反馈。

正式的成绩测试经常采用标准化考试形式来评估学生的学习进展情况。在我国，成绩测试经常以期中或期末考试的形式出现，采用标准化的考试形式，由各个学校或当地教育部门组织和实施。（武尊民，2002）成绩测试的题目既可以采用分离式试题，也可以采用综合性试题。分离式试题的原则是每个题目只考查一个语言点，如以多项选择题的方式考察语法点或词汇。综合性试题是使用一种测试方法同时考察多种语言能力的测试方法，比如完形填空和阅读理解等。成绩测试还可以采用主观测试和客观测试相结合的方式。客观测试是指考试的答案是唯一的或固定的，评分是根据已经制定好的评分标准判断"正确"或者"错误"即可，例如多项选择题、正误判断题等；主观测试则是指评分员需要对考生的回答做出主观判断，最典型的题型就是写作和口语。很多研究者认为，成绩测试应该更多地采用主观测试的形式，因为这能给教师和学生都带来有益的回拨效应。（Hughes, 2000）根据交际性测试的原则，成绩测试也应该更多地采用综合性试题。然而，不管采用哪种测试，考试的题型也和内容一样，必须是学生熟悉并练习过的。

成绩测试的目的是检查在一段时间的教学后教和学的效果，所以成绩测试的结果对教师和学生都有实际意义。对学生而言，他们可以从考试的结果看到自己的进步情况，同时也可以看到学习中的不足之处，并根据考试成绩来调整学习方法以求得进步。对教师而言，他们可以从考试的结果看到教学效果，并对之前的教学方法进行反思，进而调整某些教学方法和教学内容，使将来的教学效果更为有效。因此，成绩测试不仅是一种测试结果的手段，还可以被当作一种辅助学习的手段。

成绩测试的目的是检查学生在一段时间内的学习成果，教师利用成绩测试的结果诊断教学中的问题，调整今后的教学内容和教学方法。（Hughes, 2000）成绩测试作为教学过程中必不可少的一部分，是了解学生学习情况、检查教学质量的有效手段。很多学者对成绩测试均有评价和研究，但多是单独从信度、效度等方面出发。《大学英语课程教学要求》指出要培养学生的英语综合应用能力，因此，成绩测试不仅要从信度、效度等方面来评估其质量，也要从真实性、反拨作用和互动性来考虑。只有这样，成绩测试才能够为学生外语交际能力的培养更好地发挥作用。

总而言之，语言课堂教学是教师与学生的互动，需要双方的积极配合。教师积极的投入到教学中去，分析每一次测试的结果，改进教学方法。学生也要积极投入到学习中去，在每一次测试之后，查缺补漏，改善学习方法，提高成绩。但是值得思考的是尽管考试在外语教学中有很大作用，但过分强调考试的作用反而会干扰教学。正确地运用考试的反馈、评定和选拔功能可以促进我们的教学，而且是教学中必不可少的环节，但是过分强调某些功能必然背离教学目标。这不但不利于激发学生的学习动机，反而使学生产生对学习的厌倦。所以，我们不能过分强调应试教育，从而造成考试与教学关系的倒置。所以，我们应该对"考试"的作用有一个正确的理解，让考试回到它应有的位置上去，应试教育要向素质教育转轨，这是交际性考试科学化的出发点。

3.7　本章小结

　　本章首先从不同的角度探讨了外语测试中的测试类型，然后着重论述我国外语交际课堂中需要什么样的测试类型这一问题。笔者先就我国外语测试所处的阶段进行了回顾，之后依据六大有用性原则进行了分析，最后提出我国外语交际课堂中应该采取标准参照考试为主，常模参照考试为辅的考试方式，并从分离式转向综合式考试，同时重点指出外语交际课程中应该采用成绩考试和诊断考试相结合的考试方式。在此过程中，笔者还指出，外语交际课堂中应该提倡直接性、主观性的考试方式。所有这些都是基于外语交际测试和外语教学理论基础之上的，希望借此可以提高我国各界对于英语测试的现状和发展趋势的认识，还可以为我国英语测试的顺利改革提供一定的参考价值，使我国外语测试更好地服务于外语教学。

第4章 外语教学中的交际性口语测试

2004年1月教育部在全国范围内印发了《大学英语课程要求（试行）》（以下简称《课程要求》），作为各高等学校组织非英语专业本科生英语教学的主要依据。《课程要求》明确指出："大学英语的教学目的是培养学生的英语综合应用能力，特别是听说能力，使他们在今后工作和社会交往中能用英语有效地进行口头和书面的信息交流⋯⋯"目前，加强英语口语教学已经提上日程。如何对口语的教学成果进行评价，就需要借助测试手段。测试作为促进学习的手段，要适应教学的需要，或作为测量学生语言行为的工具，使教学尽量达到考试的要求，口语测试的实施必将给学习语言的学生和教授语言的教师带来积极的影响。

现在许多口语测试是以交际能力理论为基础而设计的，其目的就是尽可能准确地考查考生的语言交际能力。近十几年来，国内外大多数的英语口语测试都采用交际法测试理念，比如伦敦三一学院的口语等级考试（GESE）、雅思考试（IELTS）；或者融合交际法和结构法，比如剑桥大学的英语等级考试（MSE）、全国英语等级考试（PETS）等。

然而还应该看出，交际性的语言测试还处于初级阶段，很多方面都不是特别成熟。如何构建一个科学合理的交际性英语口语测试体系，积极发挥交际性口语测试对交际性口语教学的反拨作用，可以说这俨然成为了外语测试的发展趋势。

4.1 交际性口语测试

按照交际性口语测试的发展历程，可将英语口语测试分为三种测试体系：科学前测试体系、结构主义测试体系和交际测试体系。交际测试体系则属于第三阶段的测试体系，是在前两种体系的基础之上发展而来的。该体系的特点是考察学生能否利用目标语言与本族语者或其他外语者进行准确熟练的交流。

4.1.1 交际性口语测试的特征

交际性语言测试是一种行为测试，在真实的或接近真实的情境中，通过完成交际的任务来测量考生运用语言知识的能力。这一测试的重点是要看学生能否在社会真实的语言实景中流利准确地运用目的语进行交流。基于交际能力而设计的交际性口语测试相对应地也具有真实性、交互性、情景性和综合性四大特点。（刘一丹，2009）

4.1.1.1 真实性

口语测试是否真实是语言测试中最根本也是最重要的原则。只有在真实的语言环境中才能体现出学生真实的口语交际能力。语言测试讲求信度效度，而这与口语测试的真实性有着直接必然的联系。口语测试过程中，主要是学生与主考教师之间的对话。很多时候，学生往往对主考老师的回答或者提问不能做出实质性的反应甚至不理解老师的意思，只能做出毫不相干的反应。表面上看起来学生与老师之间产生了互动，但是并没有实际地体现交际功能。

同时口试中给出的话题也就是语言运用的环境，这可以说对口语测试真实性具有直接影响。如果话题贴近学生生活，是学生感兴趣或者是熟悉的话题，如如何看待韩剧、对大学生就业怎么看、做家教做兼职等类似话题则能够激起他们的交际欲望。在考官与考生之间要共同构建口语测试的真实性是必须的，但如上所言其又是困难的，存在许多方面的不确定因素。

4.1.1.2 交互性

口语测试中的交互性是指考官与考生，或者考生与考生之间要围绕某个话题进行交流，他们不仅是信息的接受者而且是语言的输出者。双方在互动过程中都既扮演着听的角色又扮演着说的角色，而且围绕一个共同话题交换看法与信息，不断进行讨论和交流，最终完成交际的目的。

4.1.1.3 情景性

交际性口语测试主要考察考生在真实的语境下的交际能力，通过所给题目设定考生的角色以及交流双方的角色，考生根据具体情况，按照要求做出与自己身份相符的反应。只有这样才能考查出语言的得体性，将考生置于一个真实的环境中去完成根据现实生活的需要而设计出的任务，在完成任务的过程中，通过考察考生之间的信息交换话语分析等能力，更好地考查学生实际语言的运用能力。

4.1.1.4 综合性

综合性是指在评分时针对考生使用语言的准确性、流利性和得体性进行综合全面的评分，具体全面地按照考试完成任务的综合效果来评定成绩，在具体实施过程中一般以口语等级代替具体的分数。

4.1.2 交际性口语测试的设计原则

外语口语测试考试的设计从研究到完善至少需要三个阶段：设计、实施和考评。在外语口语测试设计阶段，其重要内容应该包括：确定考试内容、规定考试范围与试题类型、明确评分标准。基于交际性口语测试的特点，以交际性语言理论为基础，在设计交际型口语测试时，我们应该遵循以下设计原则。

4.1.2.1 以真实性为原则

口语测试的目的是评估学生能否准确自如地运用目的语进行实际交流，看考生接受和产出信息的能力，他们对功能意义的表达和理解是测试的关键。因此，要达到这一检测目标，考试设计要以真实性为原则，创造真实的语言环境，激发学生交流提供信息的欲望，真实地展示自己的语言表达能力。在考察其真实性时，我们不仅要考察受试者用来完成任务的语言本身，还要考察其使用的语言策略是否得当，也就是策略能力。如接电话的测试，不仅要考虑受试者是否完成了任务，还要考察受试者执行任务的过程是否得当，如是否符合礼貌原则等。

4.1.2.2 以信息的准确输出为本

阅读和听主要考查接受性能力，而说和写主要考查产出性能力。众所周知，接受是被动行为，而产出则是主动行为。要体现交际的真实性，主考官与考生之间必然会存在信息沟，存在接收和产出信息的过程，双方在语境中进行交际来填补信息缺失。而所提供的话题则显得尤为重要，其应该能够驱使他们产生沟通的欲望，通过积极交流达到考察语言能力的目的。

4.1.2.3 试题设计的多样性

测试设计离不开试题题型的选择，设计过程中要从不同层面、不同角度多方位地考虑考生能力，设计出能够多维度考察考生交际能力的试题，尽可能真实全面地反映考生能力；同时，为了避免考官与考生之间由于潜在的不平等位置而产生的紧张情绪造成考生发挥失常的影响，我们可以考虑不要让单一考生参加测试，要让两个或两个以上的考生加入讨论，这样的交流富有交际性，相互启发，激发出学生的交际能力，能够反映出考生的真实水平。

4.1.3　交际性口语测试方式

对于交际性口语测试模式，Nic Underhil 在其书中概括了现代交际性口语测试的大致模式，种类如下。

4.1.3.1　图片描述

交给考生一张或者一系列图片，由受试者根据图片自由发挥描述图片内容，当考生完成描述或者无法继续回答时，可由考官开始发问与图片相关的问题。图片描述主要考察学生的语言综合能力和描述能力，就某一现象和观点表达自己的观点。

例 [1]Directions: Now many universities have claimed to build a harmonious campus. Please look at the following three pictures and make a brief description of them. What can you get from them and as a member of your school, what can you do for a better campus? State your ideas.

4.1.3.2　面谈

在所有口语测试的方法中，面谈是常被用到的方式。考官与考生之间围绕某个问题进行交谈。面谈一般会由若干个问题组成。这些问题会围绕一个具体的主题，例如：社会现象、历史事件、生活态度等展开问答。主要考察学生对与自己生活密切相关的话题的简单表达能力，同时考察学生的语言运用能力和分析能力。

例 [2]Directions: You 'll watch a video clip twice. After watching, please answer the following questions.You 'll have 20 seconds to prepare and another minute to talk for each question.

a.According to the speaker, the Americans usually have eye contact with the person they are talking to. Why?

b.What do Bulgarians do to mean "No" and "Yes"?

c.How do Maori people greet each other?

4.1.3.3　角色扮演

给考生设定一个角色，模拟特定的对话环境，考生以所设定角色与他人进行交谈。这种测试方法创设多种情景让考生提问或做出反应，考查其是否能使用恰当的方式与他人开始并维持对话或传递信息、解决问题的能力，具有较高的信度和效度（具体见"口语的成就考试"）。要使口语任务具有一定的真实交际意义，需要设计合理的题目，例如可考虑特定的语言功能（询问、指路等）、特定的话题（请同学看电影、生日聚会等）。（Weir, 1990）

4.1.3.4　提问与回答

在测试开始时，从简单问题开始提问，之后慢慢增加难度。在考生回答问题的过程中，我们对考生的语言表达交际能力进行评分。提问与回答强调基于听力内容的答题，进一步考察学生基于上下文的分析和总结能力，以及灵活运用语言的表达能力。

例 [3] a. Are you nervous now?

b. Could you briefly introduce yourself?

c. What's your favorite sport? Why?

d. What do you love to do on weekends?

e. How do you like fast food?

f. Which do you think is a better means of communication, calling somebody by making a phone call or writing a letter? Why?

g. Do you like travelling? Why?

h. Describe your father.

i. If you were an English teacher, how would you teach your students?

j. Some people say playing computer games is not good. What do you think?

4.1.3.5　复述

播放一段故事录音给考生，必要时可以播放两遍，考生可在听录音的过程中整理信息重点，复述整个故事，考官可根据考生复述中所给的讯息，打出分数。这主要考察学生听力理解能力、总结能力和口语表达能力。

例 [4] Directions: You 'll listen to a short passage twice. After listening, please answer the following questions. You 'll have 20 seconds to prepare and another minute to talk for each question.

Worldwide population growth threatens to worsen economic crises in developing countries and cause even greater immigration problems for many nations. No guns or soldiers will stop the hungry masses of the South from reaching the United States. While immigration has given the Western United States a population growth rate equal to the record levels of Africa, new arrivals are not a problem for this country.

Nations have an absolute right to control their borders, and there is nothing wrong with some type of identity card people need education and the means to control birth. Family planning is one of the best cures for the immigration problem. Enabling women to be able to control their own birth, investing in women may be the best solution.

a. In your opinion, what causes immigration problems?

b.What measures does a country usually take to prevent immigration? Please state your view.

c. What do you think is the best solution to immigration problems?

4.1.4　交际性口语测试的评分标准

4.1.4.1　考官选择

甄选标准考官应该包括下列条件：要有标准的英语发音；要热爱口语测试工作；要有教学的热情与耐心；本身不仅要熟悉口语测试流程，对测试理论也要有相当程度的理解。此外考官本身也应该熟悉英语教学过程。

4.1.4.2　评分方式

首先，依据口语测试的特点，应该说即时评分是口语测试最好的评分方法。这符合英语口语测试即时性的特点，可以保证考试结果的公正。当然就具体口语测试条件而言也可以将考生录音由两个以上老师进行延后评分，在保证两位老师评分差异在预先定义的范围值内，取其平均数，以提高考试的信度。此外，综合评分与分析法相结合来综合评价一个学生的英语口语水平。具体而言由一位老师参与考生答题过程，另一位考官依据考生表现，逐项进行分析给分，同时由提问老师给出综合的印象分，最后将两个分数结合后得出考生最后的分数。

传统的口语考试主要考察学生的语音语调和表达能力，交际法口语测试要求学生在进行口语表达时要流利、连贯和语言准确，此外还要能够完成带有实际交际意义的语言任务，做到得体恰当。（武尊民，2002）

除以上因素外，交际性英语口语测试还应该考虑到：如在设计阶段要结合大学英语课程教学要求，充分考核学生实际使用语言进行交际的能力。例如：初学者使用机械性题目，随着学生能力的增长逐渐增加语言交际互动的题型。（武尊民，2002）譬如朗读就是适合初学者的口语测试题目，可用于课堂教学的形成性评价。

例 [5]Directions: You 're going to read aloud a short passage in the following. You 'll have one minute to prepare and then read it at a normal speed.

此外，确定测试内容，明确测试评分标准在测试的实施阶段都应该尽量明确。依据高等教育阶段大学生英语口语能力，特别是口语实用能力，评分标准可参照四、六级口语考试（CET-SET）大纲，主要有六个方面：准确性、语言范围、话语长短、连贯性、灵活性、适切性。评分细则可从三个方面进行考虑：语言准确性和语言范围（语音语调、词汇量）、话语的长短和连贯性（语言流利性）、语言灵活性和适切性。（交际策略）

4.2 雅思口语测试

4.2.1 雅思口语考试

雅思是由剑桥大学地方考试委员会、澳大利亚高校国际开发署、英国文化委员会共同设计和实施的国际性考试系统，主要测试来自非英语国家准备到英语国家，主要是英联邦国家学习或工作的考生的语言水平。整个考试分为听力、阅读、写作和口语四部分。而雅思口语测试由于其诸多优点而成为交际性口语测试中的代表。首先，雅思口语测试话题丰富、内容多且贴近实际；其次，雅思口语测试中拥有丰富的文化要素，体现了跨文化交际的需要；最后，雅思口语测试拥有科学的评分方法，即分项式评分系统。具体而言考官并不是根据考生的口语应试表现给出一个整体分数，而是根据具体的评分细则给分。每个单向的评分标准又设最低分、最高分。正是由于有了以上这些特性，雅思口语考试才成为口语测试改革的标杆。

4.2.2　雅思口语测试与有效交际能力培养

雅思口语考试的另一特色在于其对有效交际能力的重视。雅思口语考试强调考生在其交际过程中运用各种交际策略，这有助于有效交际能力的培养。所谓交际策略是指学习者在交际时因找不到准确的语言形式而有意识地运用语言或非语言手段交流某个观点。

交际策略是一个人的语言交际能力中的一个重要组成部分。可以说这种交际语言教学理念也符合中国大学英语教学大纲中提出的关于大学英语是以英语语言知识与应用技能相结合的认识，即二者都侧重学习策略和跨文化交际能力的培养。在外语教学中我们要始终贯彻交际教学的理念，并且融入各种文化因素。具体而言，如雅思口语考试，把外语放到社会语用和文化的背景下进行教学，使学生学到的外语知识鲜活起来，逐步提高他们的语言交际能力。具体可参照克鲁姆强调的外语课堂交际情景教学法。他设计了不同的课内交际活动，其环节包括：假设交际、教学交际、针对性交际、谈论性真实交际等方面。

4.3　交际性口语测试与英语教学

任何形式的测试都只是手段，英语口语测试也是如此。如何通过测试对大学英语教学产生积极的反拨作用才是我们作为英语教师应该进行思考和研究的问题。而目前大学英语教学过程中最突出的问题是学生的参与性不强。被动地接受知识、口语表达能力薄弱，口语交际能力亟须提高。口语表达能力主要包括以下几个方面：对基本语音和基本语言功能的了解；注意基础英语中口语的大部分内容是公式化的套话（尤其注意英语表达方式所反映的西方文化与中国文化的差异）；英语口语交际能力的另一个重要方面是互动能力。英语口语测试需要考查学生自身的语言产出，也包含使用语言与他人进行交际的能力。这体现在例行性交际技能、现场交际常规技能（协商达意）和互动过程监控（过程监控和谈话轮次）上。（Weir, 1990: 1993）

此外，加之高校对口语教学不重视，很多高校只是将口语成绩作为学生期末考试的参考分数，流于形式，使得教师与学生对口语教学产生敷衍倦怠的情绪。因此，在进行口语测试改革的同时，一定要充分发挥测试的积极的反拨作用，才是改善英语口语测试的核心。笔者认为具体可从如下环节进行改善：①改变英语口语在英语教学中的地位。改变中国英语教学所形成的思维模式，颠倒口语教学与语言知识习得在教学中的比重和位置。将口语教学作为英语教学的重点，特别是对于英语初学者而言。②以交际法教学为基础，以学生为中心。课堂上教师要设计符合学生水平的活动，创造活泼有趣的语言环境，让学生能够真正参与到课堂教学中去。③以考促教，查漏补缺。避免将口语考试成绩流于形式，教师要及时根据考试成绩所反映出来的问题查漏补缺，找出问题所在，及时进行课堂教学改革，真正做到以考促教。

目前我国各个大学基本上都开设了听说课并增加了课堂和期末口语测试，但这一测试还没有达到预期效果。根据现行交际语言测试理论，笔者提出口语测试要采用主观性测试和直接性测试。教师和学生可以从主观性测试结果得到有益的信息反馈，以便在下一步教学中采取相应的补救措施。例如，让学生用英语讲一段内容连贯的话（比如讲一个故事，自我介绍等），或者回答老师的问题。老师可以根据学生的口头表达来判断学生的口语能力。此外，教师给每组分派一项采访任务，从每组抽出一位同学作为"记者"，其他同学是被采访者。"记者"用英语向被采访者逐一提问，被采访者必须首先弄清楚问题，然后做出回答。最后"记者"整理归纳采访资料，并且当众表述。建议课堂考试时给学生录音，以便学生本人及时了解自身水平，激励他们改进；每次期末考试至少有两位老师评分，做到公平、公正，使学生和老师都更加重视英语口语教学和考试。

由于口语测试的主观性较强，使用精确的、容易操作的评分标准有助于控制考官的主观性。在测试中有些教师使用分析法与综合法相结合的原则，评分标准可以分为分析性标准和总体性标准两大类。前者包括准确性、流利性和得体性。为方便考官评分，这两类分值各为 100 分，最终成绩为分析性标准中各项得分之和加总体得分再除以 2。使用分析和总体相结合的评分方法有助于学生明确自己的薄弱项，有针对性地开展训练。就口语而言，Carroll（1980: 11）认为"学生承担的所有任务应该是现实生活中的、相互作用的交际活动，而不是对教师的'刺激'做出典型性和例行的考试反应"。设计口语考试时，应尽可能涉及学生所熟悉的内容和任务，如上课学习过的内容、国内国际上发生的重大新闻等以增加测试材料和测试过程的真实性。只有如此，才能如 Hughes（2000: 101）所言："We want to set tasks that form a representative sample of the population of oral tasks that we expect candidates to be able to perform. The tasks should elicit behavior which truly represents the candidates' ability and which can be scored validly and reliably." 我们希望测试任务能够具有口语测试的代表性和可实施性。这种任务应该能够让考生真正表现出水平，同时能够保持测试的信度和效度。

笔者选用圣经中的《约翰福音》电影对白第一章第 15、23、29 节为测试材料。按英语成就测试的要求，采用小组角色扮演，进行单组测验。如：

对象：一个自然班（25 人）

方法：（1）测试预备

　　　（2）测试表演

课堂上进行分析、讨论，在进行讨论前，先帮助学生扫清语言障碍，尔后进行以模仿和熟巧练习为目的的分组讨论，最后让学生上台表演。

在演说前，教师向学生讲明评分从"是否准确地使用语言，真实地表达思想和演说的整体效果"几方面来考虑，使学生能够有针对性地做准备，根据各自"假设"的对象（如约翰、耶稣、耶路撒冷祭司等）定好演说的调子。

测试材料：圣经的《约翰福音》电影版本

语言活动：

（1）分配角色

学生各自选择一个角色，将角色分配列成单子交给测试主持者。

（2）开展小组讨论

学生在各自明确自己的角色、任务之后，即开始进行小组讨论。

（3）检查小组练习

在全班范围内抽取一组进行口头示范，确保大家对测试要求理解无误。

（4）说明评分要点

此次测试评分（共 9 分）的要求是：

1）语言的正确使用（4 分）：准确使用语法时态并正确选词。

2）语音、语调的得体运用（3 分）：充分表现人物的性格特征。

3）默契的小组配合（2 分）：体现电影故事情节的自然发展。

下面是测试中某组一个角色扮演者的录音，文中"—"表示瞬间停顿；"＋"表示短时间停顿；"（　）"表示自我更正或表示错误。

学生 A：This was he ＋ of whom ＋ I said, ＋＋ "He who comes after me ＋ ranks ahead of me ＋ because he was before me"... "I am the voice of one crying out in the wildness, 'Make straight the way of the lord ' ",... Here is the － Lamb of God who takes away the sin of the world! ＋＋ This is he of whom I said, "After me － comes a man ＋ who ranks ahead of me ＋ because he was before me. I myself － did not know － him; but I came baptizing with water ＋ for this reason, that he might be revealed- to Israel "....

这份录音得分 8 ＋，角色扮演者对对话做了小小的变动，除个别地方有小错外，变化后，语音基本正确，恰如其分地表现了人物性格，语音语调也还不错。但从句中停顿来看，讲话人在一些不该停顿的地方做了停顿，说明讲话人的语言表达不够流利。

此次测试主要优点是：①实现计划分工较细，达到了一定的信度、效度。②大大缩短测试时间。③录音为成就测试提供了准确的评分依据。

4.4 计算机智能口语测试平台的开发与研究

4.4.1 研究背景

在国外，重要的语言能力测试中，大多已将听说能力的评价作为重要的考察范围。其中美国教育考试服务中心的托福考试（TOEFL iBT）即一项充分重视听、说、读、写综合能力评价的测试。目前，托福考试已经和现代技术，特别是网络技术和智能语音技术进行整合，实现了其评测和管理的高度网络化与自动化，其发展模式成为其他大型考试参考和模仿的对象。雅思考试（IELTS）是另一项具有国际影响力的英语语言能力考试，雅思的机考改革也正在筹划和酝酿中。

在教学评估的实践中，2001 年颁布的基础教育《英语课程标准》明确提出"基础教育阶段英语课程的总体目标是培养学生的综合语言运用能力……终结性评价必须以考察学生综合语言运用能力为目标……测试应包括口试、听力考试和笔试等形式全面考察学生语言综合运用能力"。在我国目前的大学英语教学不能够很好地满足形势发展的需要，特别是大学生的英语听说能力有待于进一步提高。根据大学外语教学指导委员会的一项调查发现，用人单位对近几年来毕业大学生的英语综合能力普遍感到不满意，尤其是口语和写作能力。

2003 年，教育部决定对大学英语进行教学改革，改革的目标是要全面提高大学生的英语综合实用能力，特别是强化听说能力，把原来以阅读理解为主改为以听说为主,杜绝"哑巴英语"。2004 年 2 月,教育部颁发了新的《大学英语课程教学要求(试行)》,要求全国高校以此为依据,结合本地区、本学校的实际,开展大学英语教学改革工作。

有碍于口语测试考查的特殊性,测试组织难度及评卷难度等原因,大学英语教学迫切需要引入智能化的测试体系,协助和引导大学英语口语测试进入低投入、高产出的信息化时代。随着计算机的普及和推广,考试无纸化进程的加快,计算机辅助口语测试必将成为口语测试发展的主要趋势。

4.4.2　研究目标和内容

2012 年科大讯飞公司与国内著名高校合作开发了"大学英语视听说智能测试题库"研究项目,该项目集结了国内一流的大学英语教学专家队伍,结合当前大学生英语听说能力的不同层次水平,建设一套完善的大学英语视听说智能测试题库系统,以解决国内高等院校实施大规模听说考试难的问题,并充分利用计算机辅助语言教学技术,建设可与计算机智能评测结合的测试评价体系。项目主要内容包括:建立题型标准与题样、确立评分细则与抽题规范、制作包含 60 套试题的试题库、组织并采集大规模视听说测试样本库、建立人工阅卷和计算机智能阅卷模型。目的是研发一套能够有效与计算机智能测试结合的题库系统,使其适应于大规模的、统一化的期中、期末考试当中。

内容 1:建立英语视听说测试题型标准与样题。

内容 2:建立英语视听说考试评分细则。

内容 3:完成视听说考试配套试卷 60 套,包含双向细目表:试题难度、类型、适用范围等相关参数。

内容 4:建设英语视听说考试题库与抽题规范,评分细则,支持人工组卷。

内容 5:组织并采集大规模视听说测试样本库,建立人工阅卷和智能计算机阅卷测试集。

4.4.3　计算机智能测试模式

计算机智能测试模式的特点包括:①智能的综合测试平台、专业的配套题库;配合音频和视频的贯串,有效融合了现实生活中的真实情景,测试情景不再单一,同时也实现了测试试题的真实性。②自定义考试流程和考试题型;根据学生各自的英语基础来选择适合自己的试题难度,有效检测学生交际能力,同时也可以形成良好的反拨作用。③独具语音评测优势，提高考试效率，降低考试成本：科大讯飞的语音评测技术已经被国内普通话水平考试应用多年，具有准确度高、题型支持广、评测效率优等特点，其测试效度和信度毋庸置疑，可以有效缓解考生面对考官的紧张情绪，也解决了高校教师考官的难题。④针对大学英语教学改革的需求，助力高校发展：大学英语教学中教学是根本，测试是手段。有了客观的测试手段可以验证教学效果从而提升教学方法和效率。

理想中的"大学英语交际性智能化口语测试系统"包含四个模块：考试平台、管理平台、打分平台和题库系统。测试流程包括以下几个步骤：导入考生信息、生成考试试卷、建立考试任务、下载考试任务、开始测试、测试结束、自动评分、成绩评定、成绩统计。考试题型主要有八种，分别是朗读、回答、听力回答、复述、评论、描述、看图说话和看视频讨论。各题型配有详细说明：题型描述、考察要点，能否支持机器阅卷。

依据高等教育阶段大学生英语口语能力，特别是口语实用能力，参照 CET-SET 口语考试大纲，测试从准确性、语言范围、话语长短、连贯性、灵活性和适切性六个方面对交际能力进行评分。

1）准确性：考生的语音、语调以及所使用的语法和词汇的准确程度。

2）语言范围：考生使用的词汇和语法结构的复杂程度和范围。

3）话语的长短：考生对整个考试中的交际所做的贡献、讲话的多少。

4）连贯性：考生有能力进行较长时间的、语言连贯的发言。

5）灵活性：考生应付不同情景和话题的能力。

6）适切性：考生根据不同场合选用适当确切的语言的能力。

评分采用准则参考性和常模参考性相结合的评分方法，从内容、语音和流利程度三个方面分析评价考生的英语口语水平，以 5 分制进行打分，综合评分。其参阅了四、六级口语评分细则，见表 4-1、表 4-2。

表4-1 口语评分细则

等级	分值	描述
A等	A+: 14.5—15; A: 13.5—14.4	能用英语就熟悉的题材进行口头交际，基本上没有困难
B等	B+: 12.5—13.4; B: 11—12.5	能用英语就熟悉的题材进行口头交际，虽有些困难，但不影响交际
C等	C+: 9.5—10.9; C: 8—9.4	能用英语就熟悉的题材进行简单的口头交际
D等	D: 7.9分以下	尚不具有英语口头交际能力

表4-2 口语其他分项评分细则

评分等级	语言的准确性和语言范围	话语的长短和连贯性	语言的灵活性和适切性
5分	语法和词汇基本正确 表达过程中词汇丰富、语法结构较为复杂 发音较好，但允许有一些不影响理解的母语口音	在讨论有关话题时能进行较长时间的、语言连贯的发言，但允许由于无法找到合适的词语而造成的偶尔停顿	能够自然、积极地参与讨论语言的使用在总体上能与语境、功能和目的相适应
4分	语法和词汇有一些错误，但未严重影响交际 表达过程中词汇较丰富	能进行较连贯的发言，但多数发言较简短 组织思维和搜寻词语时频繁出现停顿，有时会影响交际	能够较积极地参与讨论，但有时内容不切题或未能与小组成员直接交流 语言的使用基本上能和目的相适应
3分	语法和词汇有错误，且有时影响交际 表达过程中词汇不丰富，语法结构较简单 发音有缺陷，有时会影响交际	发言简短 组织思维和搜寻词语时频繁出现较长时间的停顿，影响交际，但能够基本完成交际任务	不能积极参与讨论，有时无法适应新的话题或讨论内容的改变
2分	语法和词汇有较多错误，以致妨碍理解 表达过程中因缺乏词汇和语法结构而影响交际 发音较差，以致交际时常中断	发言简短且毫无连贯性，几乎无法进行交际	几乎不能使用完整句子，不能参与小组讨论
1分	语法和词汇错误很多，以致无法理解 表达过程中因缺乏词汇和语法结构而交际困难 发音很差，以致无法交际	发言中无完整的句子，且毫无连贯性，几乎无法进行交际	发言中不能使用完整的句子，不能参与小组讨论

　　该项目有效解决了高校非英语专业口语测试的听说检测，虽然该项目针对大学英语视听说课程而设计，笔者认为其也为交际性口语测试的测量和考评提供了更加

行之有效的方法和手段。

4.4.4 实践效果

通过人机测评分数对比，智能语音评测模型在大学英语口语测试方面，得出计算机测评的人机相关度达 0.85 以上，充分证明计算机智能测评的科学性。从而可推出供系统集成的智能评分引擎，实现从项目研究到产品应用的语音核心转化，为大学英语智能化交际性口语测试提供全新的应用解决方案，见表4-3。

表 4-3 课题 1 期采集执行情况

批次	学校	地点	计划采集（份）	实际采集（份）
第一批	科大	合肥	100	82
第二批	合工大	合肥	300	342
第三批	南大、南航	南京	400	418
合计：			800	842

试题 1 期数据采集共计采集 842 份有效数据，分析阶段随机抽取了 300 份数据进行人工标注，并对测试数据进行了对比分析。

以下是我们按分数段统计的成绩分布情况，见表4-4。

表 4-4 按分数段统计成绩分布情况（人工／机器）

分数	朗读	话题表述	短文复述	总分
0—40	3|1	54|17	206|210	25|13
40—50	1|4	22|37	18|32	58|46
50—60	4|6	31|75	19|23	81|108
60—0	9|11	55|88	17|16	65|83
70—80	96|82	115|61	28|9	47|39
80—90	184|196	22|19	11|6	23|10
90—100	3|0	0|2	0|3	0|0
题型	人机相关度	平均分差	分差＞20%	分差＞10%
总分	0.862	5.46	1.7%	14.4%

在表 4-4 中，每一项有两组数据，前列表示人工打分，后列表示计算机打分。从总体来看，前后数据分布比例比较一致，表示计算机评分基础能力已与人工评分相当，基本能够代替人工打分。

　　除此之外，可以直观地看出，随机抽取的学生数据平均分分布在 60 分左右。三个测试题型中，短文朗读题得分率最高，成绩普遍在 80—90 分，短文复述题得分率最低，过半的成绩处于下游。

　　从测试题型的角度来分析，朗读题目作为口语测试中使用最广泛的题型，学生更为容易接受，而且朗读题目测试难度较低，属于基础能力测试题型。而短文复述和话题表述两种测试题型，则属于测试难度较高的题型，要求学生不仅掌握基本的英语读音，还能有一定的语言组织和灵活运用的能力。可以想象，因为计算机要求的准确性高，所以短文复述题目的得分率较低。

　　一期数据采集中抽取了 300 份有效录音样本，通过专家标注，人机对比的方式进行了汇总，图 4-1 对口语成绩相关度情况进行了分析。

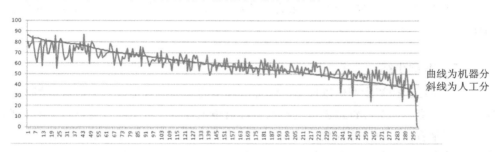

图 4-1　人机对比情况

表 4-5　相关度与平均分差情况（百分制）

题型	人机相关度	平均分差	分差 > 20%	分差 > 10%
总分	0.862	5.46	1.7%	14.4%

　　从统计数据来看，一期数据人机相关度达到 0.862（相关度超过 0.8，可以认为计算机评测基本达到可用状态）。

4.4.5　结　　论

　　综上所述，本研究得出以下结论：

　　（1）朗读题、复述题较好，表述题较差

　　1）朗读题：学生基础能力普遍较好，人工打分集中在 80—90 分（60% 的比例）。

　　2）约 3% 的比例仍说明朗读题的一致度水平较好。

　　3）复述题：表现与朗读题基本相当，较好区分学生水平。

　　4）自由表述题：与题目设定形式有关。

5）英文 Hints 提示的存在，使学生照本答题后，会使机器打分偏高，而人工打分客观程度上不会给高分，导致人机相关度下降。

（2）需要尽快确定评分标准

1）尽快确定合适的人工评分标准，作为人机对比依据。

2）项目二期数据评分，将邀请合作院校参与，确保评分专业程度，同时对评分标准进行验证。

（3）试卷制作需要关注，针对机考适当调整

1）完善试卷制作标准。

2）出卷时，适当考虑机考适应性，尽可能限定答题范围。

3）机器优势：处理发音质量，考察答题完整度有优势。

4）机器劣势：①对于语法搭配处理能力有限；②对于学生发挥的内容，区分能力较差。

4.5　本章小结

本章通过初探初步明确以信息为纲提供真实的交际情景是大学英语口语测试的原则。语言交际的交互性由创造真实的交际语境来体现。从交际性英语口语测试的设计原则来看，该测试不仅仅能够反映学生的真实口语水平，而且我们的教学从业人员能够在施测过程中查漏补缺，及时调整教学方案，对于我们的教学工作具有积极的回拨作用。

雅思口语测试对我国的大学英语口语测试的改革具有一定的借鉴意义，主要体现在交际策略和跨文化交际能力两个方面。交际性口语测试的前提是要有交际性的外语教学课堂，交际性口语成绩考试在外语课堂中大有作为。在将来的实践中，还要注意测试话题难度的递进性、测试内容与教学的统一性、测试形式的可操作性和科学性、评分标准的细化和可执行性等方面的问题。同时，平时更要加强学生口语的训练，多给学生创造练习口语的机会，跟着磁带、电影说英语，多跟外国人接触，学原汁原味的地道的英语。

本章最后指出：大学英语交际性口语测试转轨智能化测试是未来口语测试的必然趋势，智能化口语测试从内容上和测试方式上体现了交际性口语测试的特点，弥补了传统口语测试真实语境匮乏、互动交流欠缺、测试情景单一、评估体系落后和科技运用贫乏等一系列不足之处，实现学生口语能力的有效性输出。对于新的智能化测试，应该报以积极的态度，但实际操作中也发现一些异常数据，环境抗干扰能力及用户体验效果优化等方面还有待进一步的调整和改进。

第 5 章　外语教学中的交际性写作测试

5.1　交际性英语写作测试

5.1.1　英语写作测试

写作是一个运用多种策略以实现创作，最终完成文本的过程。它包含了计划制定、构思、信息组织、语言选择、写初稿、修改、再定稿的整个过程。因此，写作测试是一种综合性测试，它不仅测试受试者的词汇、用法、语法等语言要素，而且还测试受试者的组织、分析、表达及对各种语体的掌握能力。从文体学角度来看，写作可以分为叙述文、描写文、说明文和议论文；从实用角度来看，写作可以分为段首句、情景、关键词、看图和图表文。（何云，2005）英语写作能力是英语基础知识和语言交际运用能力的综合体现。（周颖，2009）因此，写作测试是各类英语考试中必不可少的组成部分。随着对语言理论和语言教学规律的深入了解，越来越多的人认识到了英语写作的重要性。

5.1.2　交际性英语写作测试的特点

在语言教学以交际法（communicative language teaching）为主导的今天，交际性测试逐渐蓬勃发展起来。英语写作测试也应当符合这一发展趋势，具备交际性的特点。Bachman 提出了交际性语言测试的有用性六原则，分别是信度、效度、真实性、互动性、回拨性和可行性。因此，交际性英语写作测试应坚持这六原则。效度是测试的效度，笼统地说是指测试是否考查了原定需要考查的内容，考试的结果能不能来评判预定要测试的语言能力。信度是指测试的结果是否稳定可靠，也就是说同等难度系数的考试给同样的测试者实施两次，看两次测试结果的一致性和稳定性。（周涛，2012）可行性指从物力或财力上测试是否得以实施，是否可行。这三个原则是语言测试首先要考虑的问题，也是必备条件。而交际性英语写作测试的交际性更主要的是体现在真实性、互动性和回拨性三个原则上。

5.1.2.1　真实性

交际性英语写作测试任务应当具备真实性，这才能正确测量受试者的交际语言能力。

英语写作任务的真实性可以从话题（topic）和情景（situation）两个方面来解释。首先，影响语言测试的一个方面就是语言的输入，其中重要的一点就是话题的选择。写作话题应该具体、贴近生活，为受试者所熟悉。如果一部分受试者不熟悉话题，而另一部分受试者就有优势，这样会造成"测试偏见"（test bias）。一个解决这个问题的方法就是提供几个难度平行的写作话题供受试者选择。再者，情景真实性也尤为重要。情景指文字之外的语言环境，也就是交际情景，近一点的包括交际的情况、时间、地点、交际人的身份、交际需要和目的等，远一点的包括社会文化背景。测试的试题必须有交际情景，是因为真正的语言运用，都是有交际情景的。交际情景必须具备真实性，也就是说受试者会在真实生活中遇到。写作任务的情景不应该是架空的，而是受试者有机会在现实生活中体验或经历的。

5.1.2.2　互动

英语写作测试的互动性可以从"图式"（schema）和"情景嵌入"（context-embedded）这两个概念进行分析。图式是预存知识或背景知识，是人们存储于头脑中所有对世界的一般认识。图式分为内容图式和情感图式。内容图式是人们长期记忆中的知识结构，情感图式是与话题知识互为关联的情感方面的内容。写作任务如果能激发受试者的图式，就能以以往的知识及情感经历来为完成任务提供基础，那么这对受试者完成这一写作任务很有帮助。含有情景信息，能够激发受试者的内容图式或情感图式，那么这项写作任务就是情景嵌入的。情景嵌入就是指写作任务中情景所提供的信息很多部分是为受试者所熟悉或知道的。英语写作测试既是情景嵌入的，又能激发受试者的图式结构，那么这项写作任务具有较高的互动性。

5.1.2.3　回拨性

语言测试题型分为客观题和主观题，往往在测试中客观题居多，分值较大。教师和学生因此更关注接受性技能（receptive skills）（听、读）的培养。这会造成即使受试者得了高分，但依然不会正确使用英语的现象。英语写作测试为主观题型，能使教师和学生认识到产出性技能（productive skills）（说、读）的重要性，更加关注使用英语正确表达自己的思想和情感。此外，测试不仅能检测受试者的能力和水平，还影响着教师的教学方法。在教师认识到写作的重要性后，他们会调整自己的教学方案，重视写作教学过程，利用各种方式来提高学生的创新思维能力。

5.1.3 英语写作测试评分

目前，写作测试的评分主要有两种，也是受到测试界认可的两种评分方式。一种是整体评分法（holistic scoring），另一种是分析评分法（analytic scoring）。整体评分法是在阅卷前先对学生习作进行分档，每档设有样卷及应得的分数，教师在阅卷前应先熟悉样卷及分数档次，然后在阅卷中把习作与样卷进行对比评判，以靠近相似文章的档次来打分。这种评分方式的特点是节省时间，但因为是印象评分，所以容易出现因阅卷员不同或疲倦等因素造成阅卷效度低的问题。分析评分是通过把写作的几个侧面进行分别评分，然后再把得分相加得出写作总得分。一般认为学生英语写作能力评价应包括：切题、组织、连贯性、词汇、语法、标点符号、拼写等。这种评分方式的优点在于教师和学生可根据具体各项得分的高低来判断学生写作的弱点，因此具有一定的诊断作用。但这种评分方式势必耗费大量的时间。（张晓菲，2009）交际性语言测试是测试实际生活中有效应用语言完成特定交际任务的能力。语言的目的主要是为了交际，因此信息的传递、语言的表达应该放在优于语言形式的第一位，因此整体评分法更适用于交际性英语写作测试。

5.1.4 英语写作测试案例分析

在了解了交际性英语写作测试的特点后，下面我们将从真实性、互动性和回拨性这三项原则来进行案例分析，并分别介绍这三个案例的评分标准。

例 [1]2014 年全国大学生英语竞赛（C 类初赛赛卷）Part Ⅷ Writing（30 marks）

Ⅰ.The following pie chart shows how the British spent their money last yaer. Write a report in 120 words based on the information given in the pie chart. Write on the answer sheet.（下面的饼状图显示的是去年英国人的支出，根据图中所示信息，写一篇 120 字的报道。）

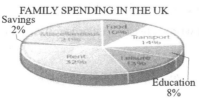

FAMILY SPENDING IN THE UK

Ⅱ.Many people today dream of being their own boss, but while working for yourself is an attractive prospect, the reality can sometimes be very different. Give opinions on the following topic:

Working for yourself is better/worse than working for someone else.

Write an essay in 160-180words on the answer sheet .（现在很多人都想当老板，尽管为自己工作是件挺美好的事，但有时事实并非如此。谈谈你对下面话题的看法：为自己工作比为他人工作要好/坏。写一篇160—180字的短文。）

作文Ⅰ的话题是英国人的消费支出，要求写一篇报道，属于图表写作。这个话题有关日常生活，为大学生所熟悉。大学生具有独立生活和消费的能力和经验，具备相关的知识和信息。此外设置的情景是对消费支出的总结，是大多数人会在现实生活中遇到或经历的。因此，作文Ⅰ的真实性和互动性都较高。作文Ⅱ的话题是工作，对于大学生来说，可能只有部分学生具有工作的相关经验，对于大部分学生来说它还是一个比较陌生的领域。情景设置为自己当老板和为他人工作两个场景，虽然贴近生活，但是学生没有相关知识，无法调动学生的内容图式或情感图式，因此作文Ⅱ的真实性和互动性都相对较弱。至于回拨性，作文Ⅰ更能引起教师和学生对实用文体写作的重视。全国大学生英语竞赛作文评分方式是整体评分法，共分为4档：Ⅰ.9—10分，Ⅱ.16—20分；Ⅰ.6—8分，Ⅱ.11—15分；Ⅰ.3—5分，Ⅱ.6—10分；Ⅰ.1—2分，Ⅱ.1—5分。评分员先根据文章的内容和语言初步确定其所属档次，然后以该档次的要求来衡量、确定档次，最后给出分数。

例 [2]2011 年 6 月大学英语四级考试真题 Part Ⅰ Writing

Directions：For this part, you are allowed 30 minutes to write a short essay entitled Online Shopping. You should write at least 120 words following the outline given below:

1. 现在网上购物已成为一种时尚；

2. 网上购物有很多好处，但也有不少问题；

3. 我的建议（根据所给提纲，在 30 分钟内写一篇题目为"网上购物"并不少于 120 字的短文。）

这项写作测试的话题是网上购物，网上购物是近年来流行的话题，已经成为现代人主要消费方式之一。因此话题能引起学生的兴趣，也是学生日常生活所经历的，并且具有情景信息。在这一话题和情景的设置下，学生的语言能力、内容图式和情感图式都能调动起来。所以此写作任务真实性和互动性都较高。回拨性方面，写作任务会引起教师和学生对日常生活话题的关注，教师会引导学生在真实生活情境下正确使用英语。大学英语四级考试作文部分的评分方式是整体评分法。阅卷标准共分为五等：2 分、5 分、8 分、11 分和 14 分，各有标准样卷 1—2 份。评分员根据阅卷标准，对照样卷评分，若认为与某一分数相似，即定为该分数；若稍优或劣于该分数，则可加或减 1 分。

例 [3]2014 年 6 月 19 日雅思考试作文真题

Task1. The graph below shows the number of oversea visitors who came to the UK for different purposes between 1989 to 2009.（下图所示是 1989—2009 年因为不同目的来香港的海外游客数量。字数不少于 150 字。）

Task2. Some people think that it is easier for adults to learn practical skills(such as computer skills)by themselves;others think that it's better to learn with a teacher in the classroom.Discuss both sides and give your opinions.（一些人认为对成年人来说自学实用技能更容易，比如电脑技术；另一些人认为在课堂有老师的指导才更好一些。谈谈两方的观点然后给出你自己的看法。字数不少于 250 字。）

任务 1 是图表写作，要求学生写一篇 150 字左右的短文来描述图表。话题是很多学生不会接触到的内容，因此真实性一般。对图表进行描述能调动起学生的语言能力，也可能激发学生的情感图式，但对于对此并不熟悉的学生来说并不能激发他们的内容图式，因此互动性也不高。回拨性类似于案例 1，能引起教师和学生对图表写作的关注和重视。任务 2 是有关自学和课堂学习，是学生较为熟悉的话题。情景设置为成年人学习实用技能的两种条件，要求学生给出观点。学生在现实生活中会使用类似英语，因此真实性较高。正因为写作任务为学生所熟悉，因此在写作过程中，学生的语言能力、内容图式和情感图式都能调动起来，所以互动性较强。回拨性类似于案例 2。雅思写作采用的是 9 分制的分析评分法，每半分一个等级。评分员主要从四个方面给写作样本打分：任务完成、连贯和衔接、词汇、语法和准确性。（张科科，2009）

上面笔者选取了全国大学生英语竞赛（C 类）、大学英语四级和雅思作文各一篇进行分析，选取样本单一，只针对所选取的案例，不具普遍性，但也稍具代表性。表 5-1 是对案例分析结果的统计。

表 5-1　案例分析的结果

考试类型	真实性	互动性	回拨性	字数	时间	评分方式
英语竞赛	Ⅰ. 较高 Ⅱ. 相对较弱	Ⅰ. 较高 Ⅱ. 相对较弱	高	Ⅰ. 120 Ⅱ. 160—180		整体评分
英语四级	高	高	高	120	30 分钟	整体评分
雅思	1. 相对较弱 2. 高	1. 相对较弱 2. 高	高	1.150 2.250	1.20 分钟 2.40 分钟	分析评分

5.1.5　问题与建议

虽然这里选取的案例较少，不具普遍性，但从分析中还是能看出在追求交际性语言测试的当今，英语写作测试还是存在一些问题。全国大学生英语竞赛、大学英语四级考试和雅思考试都具有较高的效度和信度，对测试目的和评分标准都有客观准确的描述。但三种测试也存在很多差异。首先，因为写作测试是一种抽样测量，抽样越多，测量结果越准确。大学英语四级考试设置一个写作任务，更偏向于用词而非结构，在作文的题目要求中就已经给出了大致的结构，作文用词的难易程度成为能否得高分的关键。而大学生英语竞赛和雅思考试相类似，都包含两个部分。第一部分为图表题，要求考生描述表格或曲线图，分析其中的数据或趋势并给出结论。第二部分为议论文，通常在题目中给考生提供针对某一现象的某种看法或双方观点，考查学生提出观点进行论证的能力。（刘磊，2014）再者，从案例中可以看出三种英语写作测试的回拨性都较高，这是因为英语写作测试属于主观题型，对教师的教学方法和学生的学习方式具有较高的影响。但是在真实性和互动性方面，三种考试存在差异。案例中的四级考试写作题目较符合学生的日常生活用语，真实性和互动性较高。英语竞赛和雅思作文两部分题目的设置存在较大差异。从中我们可以看出，贴近生活、为学生所熟悉或在现实生活中所遇到或经历的话题，能引起学生的兴趣，激发学生的语言能力、内容图式和情感图式，含有丰富的情景信息，这样的写作测试才更具真实性和互动性，更加符合交际性语言测试的特点。最后从评分方式来看，全国大学生英语竞赛和大学英语四级考试的写作测试评分标准均是整体评分法，雅思作文是分析评分法。因为交际性语言测试时测试实际生活中有效应用语言完成特定交际任务的能力，英语写作测试在考查学生语言知识的同时，更加强调语言正确妥当的信息交流。笔者认为整体评分法更具交际性语言测试的特点。

在对交际性语言测试有进一步了解后，笔者针对案例分析中英语写作测试存在的问题提出几点建议。

（1）交际性英语写作测试的设计

Heaton（2000）在谈到写作测试的设计时认为：测试任务的设定应该符合学生的实际水平；试题需要有真实的情景，即学生现在或未来有可能会遇到的情景。只有贴近生活才能有话可谈；写作的任务一定要明确，能够引起学生进行思考和交流；写作的时间限定不能过于苛刻，以免最终的写作成果不真实。交际性英语写作测试应符合交际性语言测试的特点，在具备信度、效度和可行性的条件下，同时具有较高的真实性、互动性和回拨性。写作任务要有真实的情景，是学生现在或将来很有可能会遇到的情况，符合日常用语情况。丰富的情景信息也是很有必要的，这能调动学生的图式结构，激发学生的情感，帮助学生顺利完成写作测试。此外，评分标准应明确，具有详细具体的评分描述。笔者认为整体评分法更符合交际性的特点。在评分的过程中，效度的保证也值得考虑。

（2）教师与教学

首先教师理念从知识型教学向技能型教学转变。交际性英语写作测试的内容和形式与学生的日常生活息息相关，测试也更注重考查学生的语言综合运用能力和创新思维能力。所以教师写作教学的重心从关注学生的语言知识转为强调学生的语言交际能力。课堂组织活动也更多样化，教师关注学生真正感兴趣的内容。再次师生角色应有所转变。传统写作教学模式中，教师占主导地位，一味地向学生传授语言知识，而学生只是被动的接受。交际性的写作测试要求教师组织和引导学生进行沟通和交流，充分发挥学生的学习自主性。最后一点，教师在写作课堂上可以利用多媒体教学，运用先进的教学资源，激发学生兴趣，调动学生学习写作的积极性。（曾妍、刘金明，2012）

（3）学生

学生首先应当转变过去死记硬背写作模板的方式，从观念上认识到写作与日常生活息息相关。学生应关注生活，学习掌握日常英语用语，写作时才能有话可说，避免虚假不真实的东西。学生在学习英语写作的过程中可以选取一些真实生活场景，与同学反复练习。此外，面对词汇或表达上的小错误，学生不必耿耿于怀，在不影响信息顺畅的情况下可以忽略。在写作或练习完成后再检查语言表达上的错误，予以订正。（邓昕，2008）最后，学生应了解写作测试的评分标准。很多学生仍习惯于传统的评分标准，即过分地看重"准确性"，而因过度地专注于语法、词汇等的准确与否，忽略了对语言表达完整、结构清楚明了的要求。学生应明白交际性的写作测试考查的不仅只是语言本身，更考查了学生实现交际的能力。（周颖，2009）

（4）测试方式

传统的语言测试任务中，写作测试模式提供给学生的信息量不足，往往仅提供给学生一段50词左右的段落及一个话题，因此只能测试学生对一类文体的写作能力。在考试中，学生的写作能力并不能得以多渠道展现，且写作质量往往不高。通过合理安排写作测试，命题人可以考察答卷者交际、阅读、识图、思辨等能力。考虑到测试的题量和时间，笔者建议将写作测试分类，与其他测试相结合进行考察。

1）与听力测试相结合。在听力测试中，朗读者以正常语速和较慢语速朗读一篇100词左右记叙短文各一遍。请答卷者写出40—60词的短文，概括所听到的故事梗概。

2）与阅读测试相结合。在阅读测试中，准备一篇200词左右的议论文，除安排多项选择题以考察答卷人对文章细节的理解能力之外，再要求答卷人以本书中任何一条论据或结论为题，进一步展开议论，完成一篇200词左右的议论文。或者准备一篇配有图表、起始段落的短文，要求答卷人结合图表和起始段落进行续写，完成一篇100词左右的说明分析短文，并针对已知信息提出个人建议。

3）与改错测试相结合。在改错测试中，要求答卷人先阅读一段100词左右、存在10处以内错误的短文，之后进行扩写至200词左右，并纠正原文中的错误。

5.2　浅议写作测试任务难度

任务型语言教学在外语教学中得到了广泛的认同，但是在任务型评价中如何确定任务的难度却一直是一个颇受关注和有争议的问题，而如何确定写作任务难度亦是其中一个重要的研究问题。由于影响写作任务难度的因素众多，要想穷尽所有因素是不可能的，所以本书在文献研究的基础上提出了几个主要考虑因素。通过分析这些因素，本书提出了一些关于确定写作任务难度的建议。

5.2.1　任务难度的含义

对于任务的难度，任务型测试研究者有不同的看法。Bygate，Skehan 和 Swain 认为，任务的难度不仅存在于任务本身，还受地域、文化、背景知识、时间、认知以及语言等多种不同因素的影响。（罗少茜，2008）在认知方面，个体差异因素如智力、语言能力、学习风格、记忆力以及动力，对任务难度都有影响。因此，Ellis（2003）定义任务难度为：某个学生觉得一个任务的难易程度。Bachman（2002）认为难度是一个概念问题，受情景限制，随时变化。显然，任务难度本身是一个难以定义的概念。确切地说，它是一种感知，取决于人们完成任务的表现以及受试者是否觉得这些任务具有趣味性；它还取决于测试的是什么能力，是否要为了偏重内容而舍弃效度。（罗少茜，2008）

5.2.2　任务难度与任务复杂度

任务复杂度和任务难度是两个完全不同的概念，但在以往的许多关于任务的文献中，常常被混为一谈。与任务难度相比，任务复杂度很少被提及，与之相关的文献也是零散而稀少的，甚至连一个统一的定义也没有。Robinson 对复杂度的概念做了一些边缘性的解释。他的两个解释略有不同，但我们从中可以总结出任务复杂度直接取决于任务施加给学习者的认知要求，这些要求主要靠学习者利用在线任务处理的认知资源来满足注意焦点、短期记忆、推理和其他认知要求，而认知资源的差异是学习任务固定不变的特征，因此任务的复杂度相对也是恒定的。（何莲珍、王敏，2003）对任何学习者来说，简单的任务总是比复杂的任务要求低。复杂度与学习者对同一认知任务难度感知上的差异无关，它不受学习者个人差异的影响。而任务难度是学习者因素的结果，学习者自身能力的差异会使他们对同一任务的难度评估产生很大的差异，而且一些暂时性的情感因素如动机等也会对任务难度产生影响。

5.2.3　写作测试任务难度

5.2.3.1　写作测试任务难度研究

自 20 世纪 80 年代中期以来，诸多研究者分别从不同的角度探讨影响任务难度的因素。Crookes（1986）是通过观察学生在课堂上完成各类任务时的行为和表现，研究可能影响任务难度的因素，如学生完成任务所需步骤、所需知识以及参与程度，任务对智力的挑战性，任务的空间—时间距离（spatio-temporal displacement）等。（罗小茜，2008）Robinson（2001）认为影响任务难度的因素主要有两大类：①资源导向因素（resource-directing factors）（如任务要素的数量、任务要求、信息量）；②资源减少因素（resource-depleting factors）（如准备时间、任务数量、前期知识）。（Elder & Iwashita. et al., 2002）Skehan（1996, 1998），Norris. et al.（1998）以及Brown（1999）采取了另一种方法来鉴定任务难度。（罗小茜，2008）他们认为难度特征基本是能力要求和任务特点的综合，两者对任务难度都有影响。他们研究了任务难度的预测性及任务难度与认知处理要求相关联的程度，并认为预测任务难度可以用来推测学生完成一系列相互关联的任务的能力；根据学生所完成任务的成绩来评估其学习语言的潜能。（罗小茜，2008）

5.2.3.2 影响写作测试任务难度的因素

由于影响写作任务难度的因素众多，要想穷尽所有因素是不可能的，所以本论文在文献研究的基础上提出了几个主要考虑因素。这些因素包括信息量、任务类型、信息类型、语言能力、任务时间等。

（1）信息量

它指同一时间所需处理的信息量。一个写作测试任务中包含的不同元素或关系，如一个静态的任务是描述一个图表。如果输入只是几个成分并以正常的形式呈现，就会比输入中有许多成分并以特殊方式出现容易得多。而在一个动态的任务中，一个故事只有几个人物或事件的任务要比人物多且事件多变的任务容易。（罗小茜，2008）

（2）信息类型

它指受试者对任务的熟悉程度，任务与个人的相关度、具体—抽象度以及真实度。在写作测试中，我们应按教学大纲中出现的写作任务类型给学习者提供系统的训练，并明确标示完成各类任务所需的策略。

（3）任务类型

写作任务主要包括三种类型，即回忆性写作（recall writing）、归纳性写作（summary writing）和标题性写作（topic writing）。（陈慧媛、吴旭东，1998）不同的写作任务，其任务难度自然也不尽相同。研究发现，标题性写作所达到的准确度最高，其次是回忆性写作和归纳性写作。

（4）语言能力

它指学习者的语言水平，包括句法、词汇和语言知识。句法是指学习者完成写作任务过程中所需的句法结构知识。词汇是指学习者完成写作任务过程中所需词汇（选词等）范围和词义的深度与广度。语言知识包括学习者对外语国家的政治、经济、文化等各方面知识的了解。这些方面的知识的好或差，可以使学习者对任务信息的加工变得更易或更难。因此，学习者在实施某个写作任务之前所获得的相关知识、句法和词汇水平会影响写作任务的难度。一般来说，学习者的句法、词汇和语言知识水平越高，任务难度越低。

（5）任务时间

它指完成任务所需时间。它涉及完成一个任务的速度。受试者有时可以自己掌握完成任务的速度（pace）。从理论上讲，如果有足够的时间，写作任务难度相对降低，学习者将有更多的构思、权衡和修改的时间。如果有时间压力，受试者就可能会没有过多的时间关注语言的准确性或流利性。

5.2.4　如何确定写作测试任务难度，进行任务设计

测量任务特征和任务条件的影响面临的问题之一就是如何确定任务难度。我们对影响任务难度的因素了解得越多，就越能提高测试的可靠度和有效性。

5.2.4.1　任务的难度应该与特定学生群体的实际水平相一致

任务的难度总是相对而言的，在这里，"实际水平"由以下两个层面构成：①智力因素，其中包括记忆能力、理解能力、分析能力、解决问题的能力、逻辑推理能力、反思能力；②语言水平，这里特定地指写作能力。由于任务型语言教学要求学生运用英语语言解决实际问题，因此，上述两方面的能力都要相应具备才可能成功完成任务。学生之间存在个性差异，各方面的能力也不尽相同。英语语言水平高，但分析、推理能力弱的学生，可能会成功地完成记叙类的写作任务，但对于概括类的写作任务（如概括文章大意），学生就会感到力不从心。相反，英语水平较弱但逻辑推理能力强的学生，在完成写作任务的过程中，生僻的单词、复杂的语法造成的障碍或许可以通过良好的逻辑思维较好地组织文章结构，从而能够顺利地完成任务。因此，对于不同群体的学生，其任务难度也应有所区别。

5.2.4.2 任务的难度应该有一定梯度，体现由易到难的过程

写作任务的难度除了要与学生实际水平相适应以外，还应该按梯度原则递增。写作任务的设计、安排要遵循循序渐进、由易到难的原则。一项成功的写作任务应该在不同阶段对学生写作的语言能力提出不同的要求，让学生充分利用集体的智慧，发挥自身的特长，找到成功的机会，看到自己的进步。要实现写作任务难度的梯度递增可以通过以下几方面做到：①将一项写作任务分解为准备—操练—展示三个阶段；②在每个阶段完成不同类型的子任务，对学生语言输入量和语言输出量的要求由少到多逐步增加，因为单一的任务要比包含许多子项的复合型任务容易得多；③从第一阶段到第三阶段对写作能力的要求从接受性写作技能逐渐转变为产出性写作技能，即由写作能力输入转向写作能力输出。④在不同阶段使学生实现从小组协作到独自完成的转变。（周喜，2008）

5.2.4.3 写作话题与现实生活紧密联系

写作灵感来源于现实生活。写作任务真实有趣才能吸引学生参与任务活动，使他们有感而发。（吉红卫，2006）因此教师要充分考虑到学生的兴趣爱好、生活经历、认识能力以及能力范围，使材料内容贴近学生的日常生活，且信息密度不能太大。人教版新教材提供了取之不尽的写作话题，教师可根据需要加以选择。此外，写作时间不能过于苛刻，以免最终的写作成果不真实。

5.3 本章小结

Bachman 提出的交际语言能力和交际性语言测试理论是当今交际性语言测试的主要理论基础。随着交际性语言测试逐渐发展和应用，交际性英语写作测试也逐步引起人们的关注。本章第一部分简述了交际性英语写作测试应该具备交际性语言测试的有用性六原则，重点描述了英语写作测试的真实性、互动性和回拨性，并选取了三个写作测试案例进行分析，从真实性、互动性、回拨性、字数、时间和评分方式方面进行比较。虽然案例不具备普遍性，但从中还是能看出写作测试存在的问题。最后阐述了案例分析中所呈现的问题，并从交际性写作测试的设计、教师、学生和写作测试方式四个方面提出了几点建议。随着交际性语言测试理论逐步深入发展，交际性写作测试也会逐步完善，写作测试也将能准确测量出学生英语语言能力。

本章的第二部分着重探讨了写作任务的难度。任务的难易程度关系到任务中的各项具体目标是否能够顺利实现。一项写作任务的难度受诸多因素的影响。通常，对任务信息的熟悉程度越高，任务就越容易。此外，从理论上讲，如果有足够的时间，写作任务难度相对较低。然而，如果一项任务构成的要求已经超出学习者的能力极限，即使有更多的时间也无济于事。但是，要真正促进学习者的语言学习和语言能力，任务的难度必须适当。任务太容易，不具挑战性，不能引起学生的兴趣；任务太难，虽具挑战性，但会使大部分学生望而却步。教师必须了解学生，只有对自己的学生了如指掌，才能准确把握学生现有的知识水平，从而准确确定写作任务的难度。但是在确定学习任务的难度之后，如何在实际教学中实施？这一问题还有待进一步研究。总之，外语学习任务是一扇窗，通过它我们可以了解影响其任务难度的诸方面因素的性质及其之间的关系。这种了解不仅能促进语言习得研究，更重要的是，它将极大地提高我们的外语教学水平。

第 6 章　外语教学中的交际性翻译测试

近年来，翻译测试发展的规模蔚为壮观，各种种类的考试已经发展成为一种炙手可热的产业。然而，翻译测试的发展并没有随着时代的发展达到应有的高度，当今的翻译测试从类型到题目都颇为单一，考察的翻译能力也不尽全面。造成这一局面的原因部分在于翻译测试较为特殊，考察的内容涉及多方面的因素，也给试卷的拟定和评分带来困难；还有一个很重要的原因在于相应测试理论的不完善。然而，翻译测试正引起越来越多专家、学者的重视，侧重交际能力的翻译测试也从传统的翻译测试中分离出来，因为其更贴近于考察实际应用中各方面翻译能力的特性，逐渐在众多翻译测试类型中独树一帜。

6.1　交际翻译理论

英国著名翻译教育家和理论家 Peter Newmark 在 1982 年出版的《翻译研究途径》一书中，初次提到了"语义翻译"和"交际翻译"，扩展了翻译研究的思路，并指明了方向，"语义翻译"与"交际翻译"也成为了 Newmark 理论中最具特色、最有分量的核心部分。

Newmark 将语义翻译解释为，"在译语的语义规则和句法结构允许的前提下，尽可能准确地再现原文上下的意义"（1981: 39）；将交际翻译阐释为："试图使译文读者阅读得到的效果尽可能接近原文读者阅读到的效果"（1981: 39）。语义翻译试图通过保持源语的特色和表达方式，展示原文作者的思维过程，它忠实于作者，注重传递原文的语义内容。而交际翻译是以传递原文的信息为重点，强调意义应优先于形式，侧重于为译文的受众服务，主张根据目的语及其文化和语用方式传递信息。在表达形式上，交际翻译更强调原文对于受众的表现力和传达力，而不是拘泥于内容本身。在忠实于原文的基础上，交际翻译显然更有利于受众的理解和接受，这样，也就反过来在某种程度上增强了源语的表达效果和意图。

另外，Newmark 在《翻译教程》一书中，根据 Buhler 的语言功能理论将文本划分为三大范畴：表达型文本（expressive text）、信息型文本（informative text）和呼唤型文本（vocative text）。表达型文本主要强调原作者的权威地位，较少考虑读者的反应。信息型文本一般提供"纯粹"事实，如信息、知识、观点等，其语言特点是逻辑性强，内容或话题是交际的焦点。呼唤型文本强调以读者为中心，号召读者按照作者意图做出反应。大致说来，我们可以将严肃文学、权威陈述以及个人作品或亲密朋友间的通信等归为表达文本一类；将报刊文章、新闻报道、科技论文、通用教材以及大多数事实重于文章风格的非文学作品归为信息文本一类；将广告、宣传、论辩、流行文学等旨在说服读者以及通告、说明、规章制度等旨在引导读者的文本归为呼唤文本一类。

Newmark 认为，我们采取何种类型的翻译取决于三个方面的因素：①作者以及译作的交际意图，即翻译目的；②文本类型（信息性质）；③读者类型（读者群）。交际翻译以读者为服务中心，把翻译的重点转移到原文本的内容，转移到这些内容在译文中再现的过程和结果上来。因此，交际翻译更适合于信息型文本和呼唤型文本。

6.2 翻译能力

概化理论表明，开发测试之前首先要概括出一系列所要测量的能力，然后再确定考试内容（Bachman, 1990: 189）。因此，翻译测试的关键，是将翻译能力分解为可以评估的因素，并在命题时设法使翻译能力通过翻译实际操作体现出来。

国内外学者对于翻译能力的界定有着众多见解。Schaffner（2000: 146-147）认为，翻译能力包括语言能力、文化能力、文本能力、语域能力、研究能力和转化能力。Presas（2000: 19-32）把翻译能力分为核心语言能力和其他能力（包括使用词典、文献检索、了解专业领域知识、明确翻译纲要和使用技术性工具的能力）。西班牙巴塞罗那自治大学进行翻译能力培养和评估的研究小组 PACTE（Process in the Acquisition of Translation Competence and Evaluation）将翻译能力界定为"翻译所需的知识和技能的潜在系统"（Orozco, 2000: 199），提出了六要素翻译能力构成图式，包括转换能力、两种语言中的交际能力、言外能力、专业操作能力、心理—生理能力、策略能力。国内的学者对于翻译能力的构成要素也各抒己见，如马会娟、管兴忠（2012：118）认为，汉英翻译中，翻译能力可以分解为词语搭配能力、语句能力、篇章能力。薄振杰、李和庆（2011：3）提出了基于语段的翻译能力模式。

　　基于以往国内外学者对翻译能力的研究，笔者提出以下四种翻译能力：语言能力、跨文化交际能力、转换能力和策略能力。语言能力主要检测受试者的语言习得能力和运用能力，如语法是否规范、用词是否准确、语篇衔接是否连贯等。跨文化交际能力主要检测受试者对源语及目的语的文化理解及不同文本领域的专业知识。转换能力是指在两种语言、文化和思维模式间自如转换的能力。策略能力指翻译中处理疑难问题、灵活应变的能力。

6.3　交际性翻译测试

6.3.1　测试目的

　　综上所述，翻译是在某种情景下进行语际交流的活动，其目的是最大限度地使译语读者和源语读者获得尽可能一致的接受效果。因此，翻译不仅是语言符号层次上的转换过程，而且是信息内容的传递过程。纽马克认为：具备不同功能的文本应该采取不同的翻译策略，并在此基础上引入了语义翻译和交际翻译的概念，具体采取何种翻译取决于其翻译目的、文本类型和读者类型。除此以外，交际性翻译测试考察的还有具体社会情境下进行翻译所需的语言能力、文化能力、审美能力、翻译能力和逻辑能力等。

6.3.2　测试类型

　　交际性翻译测试的类型较为多样化，试题类型相对灵活，且更贴近实际生活。受试者需要根据文本给定的内容进行情景判断，最终根据思考给出符合原文语境的译文答案，使译文与原文在字面和情感上保持一致。从目前的测试条件来看，翻译测试多为文本测试形式，这种为广大受试群体所接受的测试类型在未来很长一段时间内都会继续沿用。但值得注意的是，随着科技的发展与进步，各种计算机辅助测试也正渐渐兴起。计算机辅助翻译测试也是指日可待的，计算机凭借其不可否认的准确性和便捷性，终会在测试过程及试后评估模块中起到举足轻重的作用。

6.3.3　测试的评估

　　穆雷（2006）认为，目前比较流行的三种写作评分方法——机械法（错误扣分法）、印象法、分析法，基本上也是目前通行的文本翻译评分方法。这些评估方法有的是从具体方面入手给分的，有的则是从整体上评估的。例如，Waddington（2001）在针对翻译测试效度的实证研究中对翻译文本的评分采用了多种方法，其中之一就是整体评分法，他制定的评分量表共分为五个等级，每个等级有高分和低分的区别，要求评分员关注学生译者在内容传达准确性、目的语表达质量和任务完成这三方面的情况（见表6-1）。

表6-1 Waddington 的整体评分量表

等级	原文内容的准确转换	目的语的表达质量	任务完成程度	得分
5	源语内容完全得到转换，只需略微修改即可达到职业水准	几乎全部的译文读来如同原本即用英语写成，可能有轻微的词汇、语法和拼写错误	成功	9，10
4	源语内容几乎完全转换，可能有一至两处不准确，但不太严重	大部分译文读来如同原本即用英语写成，有一些词汇、语法和拼写错误	几乎完全成功	7，8
3	源语大概思想得到传达，但有些地方不准确；需要深入修改才能达到职业水准	有些部分读来如同原本即用英语写成，但其他地方感觉是译文，有较多的词汇、语法和拼写错误	合格	5，6
2	源语意思的传达因为译文不准确而受到影响；需要深入修改才能达到职业水准	几乎全部译文读来感觉是翻译来的，不断的有词汇、语法和拼写错误	不合格	3，4
1	完全没有传达出源语内容；译文不值得修改	应试者完全缺乏足够的英语表达能力	完全不合格	1，2

在交际性翻译测试里，我们主张将多种方法综合起来进行评估，以提高对翻译能力评估的准确度。事实上，对于行为测试来说，评分量表的意义早已超越了信度的层面，而与行为测试的构念效度密切相关。正如 Campbell（1998）所言，"构念效度是翻译质量评估体系（这里指的是以学习者为对象的翻译测试）存在的一个问题，它们在何种程度上是依据恰当的能力模式和学习模式的。我敢说大多数翻译质量评估体系并没有什么理论来支撑，至少设计者没有意识到或者没有应用大概的理论原则"。近年来翻译这门学科正呈现出从规定性研究转向描述性研究的趋势，越来越多的研究成果采用统计分析、实验证明、个案分析、调查研究、语料库、有声思维等方法，与传统的"思辨内省"方法相互补充、相互促进，为翻译研究的深入发展提供了更多的可能性。（许钧、穆雷，2009）

6.3.4　国内翻译测试现状分析

国内的翻译测试大致分为语言测试中的翻译能力测试部分以及专业翻译测试。语言测试，包括诸如高考英语科目，大学英语四、六级，研究生入学考试，职称英语考试等，这些考试中都不可避免的有翻译能力测试部分。而专业翻译测试分类更加细化，题目更加专业化。比如翻译专业的课程考试、翻译资格证书考试等。本章以语言测试中的大学英语四级考试中的翻译进行分析。2013 年 12 月大学英语四级改革后，将此前翻译题型占总分值的 5%，大幅度上调到占总分值的 15%；把 15—30 个词的一句一题、单句或短语翻译调整为长度 140—160 个汉字的整个段落汉译英翻译，翻译内容限定在中国的历史、文化、经济和社会发展等方面。显然，翻译题型在考试难度上比改革前有了大幅度的提高，但仍有不足之处。

1）缺乏语境。尽管从原先的短语或单句翻译改为现在的段落翻译，但试题只涉及考察学生固有的语言知识，没有真实的语境设置，这样的试题会使得学生认为翻译只是单纯的将中英文互译，翻译的目的也仅仅是考察词汇短语等语言知识的积累。

2）文本不适。改革后的翻译试题选材内容大致为中国的历史、文化、经济、发展等方面。这些文本对于考大学英语四级的学生来说难度有些大，专业性也强，不符合交际性测试的互动性特征。

3）题型单一。翻译作为实践性很强的一个考试项目，要检测学生多方面的综合能力。单一的试题设置使得学生容易失去兴趣，并对某些要求专业知识的段落翻译产生畏惧感，不利于其能力培养。

4）评分缺陷。翻译在评分上受评分者主观影响较大，国内主要有两种评分方式，一种是阅卷者根据总体印象给分，另一种是根据经验对错误扣分。这些评分方法过于主观，不能检测出学生的实际能力。

6.3.5　建　　议

1）设置真实情境。Carroll（1980: 11）曾强调："在讨论语言测试时，真实性永远是一个重要方面。"真实性是交际性测试区别其他测试方法的一个重要特征。（徐强，1992：20）翻译是一项交际活动，语言形式的语际转换总是在一定的交际情境中发生，译文总是为一定的目标读者服务，具有一定的功能。真正的交际式语言测试所涉及的是具体的、现实的或极有可能存在的任务。那翻译测试则要在尽可能真实的语境中采用真实材料进行，只有这样，受试者才能协调原文作者、译者、文本、译文读者及其各自所在语言文化领域之间的关系，确定自己的翻译策略，决定译文的题材和类型。而评分者也能较容易地判断受试者的策略能力高低。

据此，我们可以设计比如在两会的新闻发布会上中国领导人与记者之间的问答话语的翻译；也可以设置当受试者在国外某商场购物时，与相关人员进行交流时的情境；或是与外国人在日常生活中的交流，这当中可以涉及两国的文化习俗、个人兴趣、天气状况等话题。这些情境的设置既可以涉及各种所需考查的内容，包括政治、经济、文化等等，也让受试者在过程中减轻紧张感和提高兴趣，更快地融入其中。考试之后，也能激发学生进行复习，因为这些真实的场景有助于他们在实际生活中的运用。

2）文本多样且恰当。当下的翻译考试多是以长句或是篇章的翻译为主，在翻译测试中，篇章确实应该成为测试内容的主要载体，但篇章的题材、数量、难易程度都会影响翻译测试的效度。所以，选择篇章类题型应考虑到受试者的结构图示、内容图示和文化图式，尽量使短文内容符合受试者的需求层次。同时，鉴于翻译是一项实践型学科，测试内容应多以信息型文本和呼唤型文本为主，所以应选择交际翻译的测试标准。受试者需具有分析文本类型的能力，并判断其所处语境，完成合适的译文。例如，我们可以用商业广告、公示语、标语口号等应用型文本来测试受试者。例如：商业广告，广告的目的在于宣传产品，能够引起观众的注意和激发他们的兴趣并最终进行购买，具有劝说功能。比如对于"六折优惠"这个短语，如果译为"60% Discount"，这是典型的中国式思维，这种翻译方式不符合英语观众的语言和思维习惯，应改为"40% Off"，这在一定程度上也考查了受试者的跨文化交际能力。而学生也能从这些广泛应用的文本中学到实际的知识与技能。又比如公示语，这类语言的特点是清晰、简洁、易懂，如"如需帮助，请拨打电话"这句公示语，翻译成"If you need help, please make a call."采取了逐字翻译，句子稍显冗长不够简洁。而翻译成"Ring for help."就更符合公示语简洁、清晰、易懂的标准。

3）增设试题类型。目前的大学英语四级考试中的翻译试题仅有段落翻译，我们可以增加其他试题类型，以对受试者进行多方面的考查。可以设置判断题和多选题，这两种题型可以考查学生分析诊断译文的能力，命题时重点应放在理解和表达上。由于多选的选项之间存在干扰性，因此多个选项之间不应有太大的差异，以免正确答案过于明显而使测试失去意义。也可以设置改错题，就是给出一句话的译文，然后让学生找出翻译错误的地方。译文中通常只有一处错误，句子的其他部分应保证绝对的正确，否则，评分的客观性就会受到影响。另外，还有段落填空和段落改错。段落填空是让受试者根据一段相对完整的原文在译文的空白处写出恰当的内容，段落改错是对照原文找出译文中的错误或不妥之处，并予以纠正。这两种题型对受试者的语境、文体意识及全局观念都有较高的要求。

4）完善评分标准。对于增设的一些客观题的评分标准没有争议，而对于主观试题的评分则需要做出改进。我们可以从两个方面，即语言和文化来评估。语言层面的评估应考虑到交际翻译情境下的语音、用词及语法因素。译文应尽量在语音节奏上接近原文，也避免诸如拼写错误、用词不当等，还有应避免语法错误，做到精确无误。关于文化评估，由于语言是文化的载体，在翻译过程中不可避免地应考虑到文化因素。不同文化间有相似之处，使来自不同文化背景的人顺利沟通，而由于不同的语言特点、历史背景、文化程度、不同语言间必然存在差异，尤其是具有强烈文化的应用文本，很有可能出现不可译现象。受试者应尽可能采取在社会背景下的交际翻译策略。

6.4 从语义学的角度看英汉翻译中的视点转移 [1]

上文指出，交际性翻译测试中所测试的翻译能力包括策略能力和跨文化交际能力。在翻译实践中，如何实现这一翻译目标，很多学者和研究者从不同的角度进行了积极的、有益的探索，其中《从语义学角度看英汉翻译中的试点转移》一文即为一个很好的例子。

摘要：视点转移是翻译中必不可少的技巧，文章首先以格雷马斯的语义学结构为理论基础，对视点转移这一概念做了界定。然后，从功能语言学和文化的角度阐述视点转移的必要性，最后以语义关系为构架列举实例，阐述视点转移的具体运用。研究表明：视点转移理论能够较好地指导翻译实践。

引 言

自西方现代小说理论诞生以来，从什么角度，即视点，观察事物一直是文学界关注的焦点。视点是20世纪小说批评的核心概念。近年来，视点问题也引起语言界的广泛关注，功能语言学、语用学、语义学等都把视点纳入研究的范围，视点逐渐成为语言学和文学乃至翻译共同关注的研究问题。

---

1 从语义学角度看英汉翻译中的视点转移 [J]. 山东外语教学，2011（5）.

卡特福德（Carford）在《语言学翻译理论》中提出翻译转换说（translation shifts），并把它界定为："偏离形式对等的等值翻译"，他把翻译转换分为两大类：层面转换和范畴转换（1965：73）。层面转换指在语言系统间尤其是语法和词汇层面上的转换，如语法、词汇、语音、词形等之间的层面推移。范畴转换包括语法结构的转换、词类转换、单位转换和系统内转换四种类型。不难发现，此类型的转换虽然在一定程度上解决了语言差异，实现了翻译的目的，但却拘泥于单纯的形式转换，并不注重内容的关联性，即语义关系上的转换，缺乏认知过程。

国内翻译理论界从视点的角度探讨翻译的论述还处在初级阶段。关于视点转移语义方面的研究，只有徐莉娜做了较深入的分析：在格雷马斯的语义结构理论的基础上，以语义关系为轴，阐释了视点转移的前提和过程，视点的取向、限度和效度问题。但对于决定意义的关系并没有做系统的界定，而关系的界定却是至关重要的。索绪尔（2001）认为，意义即关系。因此，本书试以语义为根基，通过语义关系研究翻译中的视点转移的具体运用，以期有效构建翻译策略。

6.4.1　标记、焦点、视点

在翻译中，标记可分为有标记和无标记两种。无标记是指在翻译过程中译者无需付出努力，直接转述的操作行为，这个过程是潜意识的。它一般存在以下几种情况：①源语和译入语的语法范畴和顺序完全对应。②源语命题结构和小句结构对应。③源语句法范畴和语义范畴完全对应。④源语和译入语的语义范畴完全对应或基本对应。⑤源语和译入语的视点和阐述关系完全对应。⑥源语和译入语的关系标记对应。⑦文化差异小或异域文化的陌生度低。⑧译者熟练掌握两种语言，可在两种语言的转换中，游刃有余。与之相反，有标记则需译者付出努力，转移视点，调整翻译策略，解决翻译中遇到的障碍。

焦点是有标记产生的原因。焦点指译者在翻译过程中遇到的障碍，是引起译者注意力集中的语言点，在本书中指有标记的作者视点。

从修辞学的角度讲，视点是指观察事物的角度；从文论的角度来讲，视点指叙述文学的叙述方法，即作者叙述时所采用的感知或视觉角度，或是作者通过文字流露出的立场和观点。从翻译学的角度来看是译者理解表达的出发点。本书所探讨的视点主要是作者视点和译者视点之间的关系。译者视点和作者视点距离越小，转移的可能性和必要性也越小。在无标记翻译中，译者和作者的视点基本可以重叠或者距离很小，在操作过程中几乎没有注意力集中点。译者视点和作者视点一旦出现显著距离，翻译过程必定会出现聚焦点。（徐莉娜，2008：51）而两视点之间的距离是动态的，因译者个体差异和文本的不同而不同。首先，不同译者翻译水平影响视点的选择。其次，同一译者在不同阶段的翻译水平会影响视点距离。另外，不同译者对同一文本的熟悉度也会影响视点的选择。

6.4.2 视点转移

6.4.2.1 视点转移的界定

译者视点是解决焦点话语的切入点。译者视点与作者视点的差距决定了视点转移的必要性和可能性，距离越大视点转移的可能性和必要性越大，反之亦然。视点转移的三个环节是：①出现理解表达障碍；②译者视点偏离原作视点，但两者关系性质不变，视域相同；③形式的转换。视点转移有一个限度问题。遇到焦点时容易出现以下情况：①死译，译者视点机械地停留在作者视点上；②胡译，译者视点超出焦点及其关系项的范围。（徐莉娜，2008：53）

格雷马斯在《结构语义学》中认为意义的结构包括两个基本要素：目的项概念和关系项概念。（蒋梓骅译，2001：21-27）意义存在于两个目的项之间，单一的目的项没有意义。两个可同时被感知的目的项互为关系项。关系是意义结构所固有的。那么，在翻译过程中，作者视点和译者视点则可被视为两个目的项，两者互为关系项。关系是两者转换的依据，因此两个目的项以何种关系存在对视点转移尤为重要。

6.4.2.2 视点转移的必要性

"转移"（shift）这一术语最早源于卡特福德的《翻译语言学理论》。他从功能语言学的角度提出了翻译转移的必要性：他认为语言是交际性的，而且在不同层次（如语音、词形、语法及词汇）和等级（句子、分句、片语、词以及词素等）发挥功能。此外，他还对"形式对应"和"文本等值"做了重要区分。形式对应是"任何目的语范畴在目的语'机体'中占有的地位，应尽可能与源语范畴在源语中占有的地位相同"。文本等值是"特定语境中的任何目的语或文本成分……成为原文本或部分文本的等值成分"。这两个概念的明显差异决定了翻译转移的必要性，翻译转移因而"在从源语到目的语的过程中背离了形式对应"（Jeremy Mundy, 2001: 61-62）。

另外，中英视点的不同也是视点转移的原因之一。视点是人们观察事物的角度以及通过文字表达或流露出的立场观点。汉英在语言文化上的差异要求译者在翻译的同时关注这两者之间的区别并寻求转述原文的最佳途径。英国学者罗杰·福勒（1977）认为视点包括三个方面：时空视点（时间与空间范畴）、观念视点（意识形态范畴）和心理视点（感知范畴）；中国学者熊沐清（2001）则把它分为时空视点、观念视点、叙述视点和知觉视点四个方面。无论怎样分类，这几大视点在语篇翻译应用转换中都不是孤立存在的，而是相互交织有一定联系的。它们之间的联系一般具有层次性、有序性、关联性以及一致性等特性，本书将从时空视点、观念视点、概念视点和知觉视点四个方面分析视点转移的重要性。

时空视点是指人们在观察世界时所依据的时空角度和位置，包括时空的起点和移动的方向。时空是人们语言表达中必不可少的部分。从本质上讲，世界各国人民对时空的最终认识是一致的，但由于认知方式的不同，视点选取的角度不同，导致语言表达形式的不同。观念视点是指人们通过文字所表达的立场观点和态度，受人们的价值观和信仰体系所影响。中英两国由于历史、价值取向、道德观念和宗教信仰的不同，其文化模式必然不同。语言作为文化的一部分也具有各民族特有的价值观念和信仰的烙印。另外，观念视点作为一种意识形态还与政治相关。这些因素直接影响词汇的感情色彩、时代色彩、宗教色彩和政治色彩，成为翻译中解决理解障碍的关键。知觉视点是指人体感官在客观事物的刺激下，对客观事物的态度和看法，它关注的是被感知的事物。在翻译过程中，知觉视点是指凭借译者对原文的感知，用一种新的语言形式进行信息选择和组合，尽力展现原文所表达的意义。

除了以上视点的差异外，近来有学者提出概念视点。概念是人们对客观事物的抽象概括。认知语言学认为，对词汇的理解含有认知主体体验的内容，因此词在被构造的过程中已经渗入社会因素以及人的态度或观念。由此得出，中英在概念视点上也存在巨大的差异，但这一点往往被译者忽略。以上两点充分说明了视点转移的必要性。

6.4.2.3　翻译中视点转移的运用

索绪尔（2001）认为"意义即关系"。这一论断在格雷马斯的《结构语义学》里得到进一步发展，他提出"关系是语义结构所固有的"（蒋梓骅译，2001：25），也就是说意义来源于关系。关系是意义结构的核心。本章将从语义关系类型的角度，即肯否关系、因果关系、静动关系、反义关系、上下义关系，分析探讨翻译中所运用的视点转移策略。其中，同义关系由于是相近意义的不同表达，类似于意义的另一种直接表述，这个过程中不含有语义关系的转换，不做详解。

（1）肯否关系

英语中有一种表达了否定概念的特殊肯定句，需要我们从相反的方向来理解与翻译。从语义的角度来讲，此时形式上带有否定概念但意义上肯定，或形式上否定意义上肯定的语言点，就是翻译过程中的焦点。例如：

例 [1] He lacks confidence.

在例 [1] 中"lack"就是翻译过程中所遇到的障碍，即焦点。当然，如果译为"他缺乏自信"也无可厚非，但却不符合汉语的表达习惯，这就需要译者调整视角。"lack"很容易让译者联想到"be not full of"，那么"lack"和"be not full of"则可作为两个目的项而存在，两个互为关系项，这就构成了意义产生的基本要素。译者可从"be not full of"的角度出发，然后调整译入语的搭配，就会得到"他不够自信"的目的语。

例 [2] He can't wait to go home.

在例 [2] 中如果原文直译为"他等不及要回家"，虽无碍大意，但读起来不是很通顺。这里就把"can't wait for"视为焦点和视点之一，把"hurry to"视为另一视点，作为其关系项，两者关系是意义上基本相符，这就构成了意义的基本要素。译者可从"hurry to"的角度出发，得到"He hurries to go home"，译为"他归心似箭"，更符合译入语文化氛围。

（2）因果关系

英语因果句中通常把结果放在前面，原因放在后面，汉语中则相反。

例 [3] He was late this morning because he stayed up last night.

在例 [3] 中，大多数人会按照英语原文的逻辑顺序将其译为"他今天早上迟到了，因为昨天熬夜"。意思表达清楚了，但不符合汉语的表达习惯。因此，作者和译者的因果顺序可视为不同的视点，要符合译入语的表达习惯，必须从译者的视点出发，调整翻译策略。因此，经过视点转移，它可表述为"他昨天晚上熬夜，结果今天早上迟到了"。

例 [4]He was ill because of being caught in rain yesterday.

按英语原文语序例 [4] 应译为"他病了，因为淋雨"，虽表达符合逻辑，无碍理解，但汉语读者读起来总觉得不很顺口。文中的"because of"就可视为汉英因果顺序的"焦点"，那么在翻译中就要把"because of being caught in rain yesterday"提前，译为"昨天淋雨了，所以他病了"，就相对比较符合汉语表达习惯。

（3）静动关系

英语中表状态的形容词在译为汉语时并不一定是一一对应的，有可能词类会发生转化。

例 [5]It is our long-held view that all members of the UN should adhere to the purpose and principle of the Charter of the UN.

例 [5] 中，"view"在文中作名词，其后紧跟一个 that 引导的同位语，"view"在句中充当先行词。我们在翻译时，显然不能直接套用英文的语序直译，需要做部分调整以符合汉语的表达习惯。"view"的解决至关重要，被视为翻译中的焦点。译者试图将名词"view"与动词"view"建立联系，两者互为关系项。因此，我们就可尝试将原文译为"我们一贯认为，联合国的所有成员国，都应遵守《联合国宪章》的宗旨和原则"。

例 [6]Britain is one of the easiest countries to enter, despite its insistence（often quoted as evidence of insularity) on maintaining border controls within EU.

在例 [6] 中，"insistence"在文中是名词，在翻译过程中，倘若不改变其词性的话，很显然不符合译入语的表达习惯，所以有必要进行视点转移。这里"insistence"成为"焦点"。译者在不转换主语的情况下，运用视点转移策略，将名词"insistence"与动词"insistent on"互为关系项，通过调整译入语语序搭配等，则可译为"尽管英国坚持在同盟国内保持国与国之间的边境控制，但英国仍是世界上最容易入境的国家之一"。

（4）反义关系转换

反义词就是两个意思相反的词，但包括四种不同类型的反义词，虽然意义相关但却不兼容。这里主要探讨普通反义词（simple antonym）和逆反反义词（converse）两类，等级反义词（gradable antonym）由于没有统一的评判标准，所谓的"等级"也只是相对而言，每次参考物的不同，得出的结果也不尽相同。逆向反义词（reverse）

大部分可直译，不需要视点转换。但无论哪种类型，每对反义词之间都存在一定的关系，这就为视点转移提供了前提。

1）普通反义词。普通反义词（互补反义词）是指两个词中，一个词的否定是对另一个词的肯定，是互补的，不能同时存在。例如，dead/alive，pass/fail，hit/miss。

例 [7] He failed this exam.

在例 [7] 中，我们单纯从原文的角度翻译的话，就会感觉很困难，因为中文中没有对应"fail"的直译，例如译成"他考试失败了"，中文中这种表达很少见。这就需要译者调整视点。"fail"的反义词为"not pass"，两者互为关系项。"not pass"更符合中文表达习惯，翻译障碍也就迎刃而解，译为"他考试没过"。

2）逆反反义词。逆反反义词主要描述两个实体之间的相对视角。例如，own/belong，above/below，employer/employee。

例 [8]I had stopped being married. I went from a newlywed to being the brothers' tagalong.

在例 [8] 中，我们首先要通过上下文来判断语义关系。其中，第一句话"I had stopped being married"显然不能直译为"我被停止了结婚"。那么，这里的"I"显然要判断性别才能更便于翻译。根据下文"brothers'"可知，"I"为女性，那么在"结婚"的互补关系下，可以推知"我失去了丈夫"，那么文中"newlywed"通过逆反关系，可推知译为"新娘"而不是"新郎"，此句就可译为"我失去了丈夫，我从新娘变成了这兄弟俩的附庸"。

例 [9]I own the book.

在例 [9] 中，很明显英强调的是这本书的所属性，我们直译成"我有这本书"显然没有突出所属性，故不是最佳译文。这里"own"和其反义词"belong"互为关系项，关系是相对的，那么就可以是"This book belongs to me"，译为汉语则是"这本书属于我"，它也不很符合汉语表达习惯，进一步调整为"这本书是我的"。虽然最终译文不是"This book belongs to you"直译而来，但却起到调整视角的作用，把书作为叙述的着眼点，而不是原文以人为出发点。由此可见，视点转移在翻译中的重要性。

（5）上下义关系的转换

上下义关系是指两个词汇之间，其中一个词的意义包含了另一个词的意义的语言现象，是表示类概念的词与表示种概念的词之间的纵向关系，英汉翻译中便经常利用这种上下义关系进行转换，扫除翻译障碍。

例 [10]Two heads are better than one.

例 [11]Don't open your lips.

例 [12]a sweet heart

例 [13]a fresh hand

例 [14]short of hands

上面几个句子如果单纯地按字面意思翻译，肯定是行不通的。例 [10] 中"head"是翻译中的焦点。此时，可运用上下义关系，因为"head"是"man"（人）的一部分，两者互为上下义关系项，将"man"的概念带入语句，再转化为汉语的表达习惯，就可得到"三个臭皮匠顶个诸葛亮"的译文。同理，例 [13]、[14] 中，"hand"也为"man"（人）的一部分，通过与例 [10] 相同的语义项转换，翻译障碍便可迎刃而解，分别译为"新人"、"缺少人手"。但英汉翻译中的语义关系，一般是可将种概念向类概念转换，从类概念向种概念转换的情况并不常见。

上文从语义学角度解释了视点转移的概念，并从视点的四个方面和功能语言学及文化的角度阐述了视点转移的必要性，通过语义关系的五大类型阐述了视点转移的具体运用：肯否关系、因果关系、静动关系、反义关系、上下义关系。研究表明运用视点转移的翻译技巧能比较有效地解释英汉翻译中转移的合理性程度，并且对翻译理论的构建有积极的促进作用。当然，以上只是我们运用视点理论研究翻译中视点转移的一种尝试，期望对以后更加深入的研究有一定的参考价值。

6.5 计算机辅助翻译例析

在 6.4 小节中，本书通过对视点转移的探讨，分析了英汉翻译中的策略使用情况，在实践中具有一定的可行性。本小节试图通过计算机辅助翻译例证来进一步探讨翻译策略的使用。

自 2013 年 12 月考试起，全国大学英语四、六级考试的试卷结构和测试题型做局部调整。其中最引人关注的一项调整是原单句汉译英调整为段落汉译英，四级长度为 140—160 个汉字；六级长度为 180—200 个汉字。这里的段落实质上是意义完整的语篇。在实际的翻译过程中，已经有不少人把语篇（text）或译为篇章，当作翻译对象和基本单位，刘辰诞（2004）认为篇章作为术语指一段有意义、传达一个完整信息、逻辑连贯、语言衔接、具有一定交际目的和功能的语言单位或交际事件。以篇章为单位对原文进行分析，较之以往的以句子为单位的分析更有利于译者对原文作者意向及原文逻辑关联的把握。

翻译过程中翻译策略和方法的选择也一直是翻译界争论的焦点之一。随着语言服务行业的不断迅猛发展，越来越多的翻译人员为了提高工作效率和翻译质量已开始使用计算机辅助翻译工具来协助语篇翻译。长久以来，许多翻译家或翻译理论家选择不同的角度，依据不同的标准和条件，对翻译策略提出不同的主张。然而在计算机辅助条件下对汉译英篇章翻译过程和策略的研究却寥寥无几。笔者认为，在翻译研究范式由规定性趋向描述性研究的大背景下，计算机辅助汉译英篇章翻译为此提供了可能性。

例如：笔者在计算机辅助翻译课上给学生布置了一项作业，要求他们借助计算机辅助翻译工具把两篇汉语文章翻译成英文文章（见附录 4、附录 5），要求译者在完成译文后把自己的翻译步骤和思路简单罗列在译文下方。同时，译者使用屏幕录像专家对自己的翻译过程进行屏幕录像，借此来考察计算机辅助汉译英的翻译过程和策略。

上文提到的学生均为南京航空航天大学英语专业的研究生，都已选修计算机辅助翻译课程，并且已经学完了该门课程，对计算机辅助翻译理论有一定的了解，对于各种计算机辅助翻译工具都能熟练的使用。

实验地点在外语学院的笔译工作室，在翻译实验中，受试者可以使用如下计算机辅助翻译工具：电子词典，在线自动翻译工具，百科全书，搜索引擎以及三种翻译记忆软件 Trados，Google Translator Toolkit 和 Transmate 单机版（笔者事先已提供和译文话题相关的翻译记忆库和术语库，译者可以视情况上传）。

这里值得提出的是：屏幕录像专家这个软件可以清楚地记录译者的翻译流程，包括译者光标的移动与选择、文字的输入、各类机辅工具的使用情况及人工修改部分的步骤。此软件事先已经安装到受试者的电脑中，并在后台运行，完全不影响译者的翻译，完整地体现了译者翻译中的行为过程，对于研究每位译者的翻译过程具有很强的参考价值。

6.5.1　翻译过程例证 1

6.5.1.1　译前处理

（1）依据现有资料，建立术语库

1）数据转换：启动 SDL MultiTerm Convert 软件，按照向导进行操作。因术语资料为 Excel 形式，所以在"可用的转换选项"一步，选择 Microsoft Excel。索引字段的设置按照左侧"可用列标题字段"进行设定。

2）新建术语库：启动 SDL MultiTerm，点击"文件"—"新建"—"创建术语库"，然后按照弹出的向导进行操作。因"索引字段"、"条目结构"等已在数据转换时进行了设定，所以此处为默认值，直接点击下一步，完成向导。

3）将转换好的术语库文件导入新建的术语库中。右键点击新建的术语库名称，选择"导入术语库"，进入导入向导，然后按照向导操作即可。

（2）使用 WinAlign 对齐已有的翻译文档

1）在导入软件前，先对已有文档在 Word 中进行预对齐，即中英文以句子为单位，一一对应，这样后期会更加方便处理。

2）启动 SDL Trados Studio 2011，点击"主页"—"对齐已翻译文档"，在弹出的界面中点击"文件"—"新建项目"，再在弹出的对话框中进行项目设置。其中，因源语言为中文，所以"原文断句"需要进行调整，Colon 和 Marks 中的"后接空格数"均改为"0"；添加完文档后，要点击"匹配文件名"，否则无法进行下一步操作；"导出"设置选择"翻译记忆库交换格式"（TMX），然后点击"确定"，并进行项目保存。

3）点击工具栏中的"匹配"—"匹配文件对"，校对中英文本的对齐。全部对齐完后，在空白部位点击右键，选择"确认所有单元"，保存后关闭此窗口。然后点击"文件"—"导出文件对"，然后保存后退出。

6.5.1.2　译中

（1）建立翻译记忆库，然后进行文档翻译

1）新建翻译记忆库：打开 SDL Trados Studio 2014 后，点击左上角的"新建"—"新建翻译记忆库"，设置名称、源语言、目标语以及字段值等。建成后导入刚刚已对齐的翻译文档，按照提示进行操作即可。

2）打开要翻译的文档：点击"文件"—"打开"—"翻译单个文档"，在弹出的对话框中进行设置，选择"添加"—"文件翻译记忆库"，此时因上个步骤导出的是 TMX 文件，所以这里添加的格式要改为"旧 TMX"，添加后，点击对话框左下角的"高级"—"语言对"—"术语库"，添加第一步建立的"无人机"术语库。

（2）进行翻译

1）翻译时，左上栏的搜索结果可以提供翻译参考，右上栏显示的是载入的术语库。原文中上方标注有红线的术语均可在术语库中查到。翻译完一句话后点击—"确认"并移至下一未确认句段。

2）右下栏为预览框，可以对原文和译文的翻译进程进行实时关注，还可及时校对格式等非文本问题。

3）借助建立的翻译记忆库和术语库，确实方便了我们的翻译，但是还会出现一些新的术语或单词需要查阅，所以此时可结合多种翻译工具，如有道、谷歌翻译、网络资源、百科全书等。

4）译完后，点击"文件"—"译文另存为"，然后再点击"文件"—"另存为"后退出软件。打开保存的译文，进行最后的人工校对。翻译完成。

6.5.2　翻译过程例证 2

（1）译前

1）把老师提供的与译文相关的中英对照文本做成翻译记忆库供翻译时导入使用（最低匹配率设为 50%，这样可以最大程度利用此记忆库）。

2）把中英词汇表做成术语库供之后参照。

3）新建翻译项目，导入记忆库、术语库。

（2）译中

1）充分利用 trados 强大的翻译记忆功能（使译前的准备并非徒劳）。

2）利用在线词典（如有道、爱词霸、google translate），搜索引擎（google）、百科全书（Wikipedia）。

（3）译后

利用 trados 2014 新版功能，直接右击"文件名"、"批处理"、"生成译文"，不用对其格式进行清除修改，不过还应对文本再次检查，查找语法拼写错误，确保高质量。

6.5.3　翻译过程例证 3

1）打开 Google Translator Toolkit，上传需翻译的文档，注意将文档换成文本格式。

2）利用 GTT 译成英文。

3）将译文复制到 word 文档上，找出文中的专有名词，与原文并排放置，以便对照修改。再利用有道词典、维基百科、谷歌翻译、CNKI 翻译助手等辅助工具对专有名词的翻译进行修改与确认。

4）对译文进行修改与完善。

由此可见，在翻译的过程中，译者大致都把翻译流程分为译前、译中和译后三个阶段。需要声明的是，这三个阶段没有明显的分界线，尤其是译中人机互动和译后修改阶段，只是前者更注重词句的意义和后者更注重对整体语篇的把握。尽管每位译者选择的 CAT 工具不尽相同，翻译步骤也有着各种各样的差异，但是经过对比分析，每位译者的翻译步骤都存在着共性。计算机辅助翻译技术给人工翻译带来了极大便利，为译者提供了帮助和参考，但是译者在翻译过程中仍居于主体地位。翻译记忆库的建设需要译者的努力；翻译的过程也需要译者对参考译文做出选择，并在参考译文不能满足翻译要求时发挥能动性，进行创造性的翻译劳动；而在翻译后的编辑阶段还需要译者对译文进行整理和审校。作为翻译中的主体，译者只有在前期准备、翻译过程、译后编辑几个阶段调动能动性和为我性，才能充分发挥计算机辅助翻译技术的优势，使之更好地服务于翻译工作。

而学生在翻译过程中所呈现出的翻译策略更是丰富多彩、各有千秋。例证 1 中的学生注重软件使用的精准性，在各个方面仔细认真，力求完善准确；而例证 2 中的学生则更重视发现软件的新功能，从而为我所用；例证 3 中的学生则更为重视语篇本身翻译的效果，因此在翻译的各个阶段都尤为注意。这里我们可以看出，对于翻译策略的探讨在计算机辅助翻译中不仅仅是语篇翻译策略本身，而同时也是灵活使用翻译软件和工具以及对计算机辅助翻译结果的积极主动的加工过程。

比如我们可以用各种软件对同一翻译文章进行翻译，从而考察各种翻译软件和工具的作用和功能。这里仍以前文中的翻译为例进行说明。

首先，根据本篇文章的类型，可将要查找的短语分为三类：①公司及机构名称；②飞机名称；③固定说法。其中第一类的短语易查，可去 Baidu 百科、Wikipedia 百科或是公司的主页上查到公司以及机构的名称：波音公司（The Boeing Company），麦道飞机公司（McDonnell-Douglas Corporation），美国联邦航空局（Federal Aviation Administration, FAA）。

第二类短语有一定的专业性，可通过在线词典、网页、CNKI 翻译助手、百科等查找：喷气发动机 (Jet Engine)、无人驾驶飞机（Unmanned Aerial Vehicle, UAV）、无人驾驶侦察机（Unmanned Reconnaissance Drone）。注意：无人驾驶飞机字典和网页翻译出的结果是 Pilotless Aircraft/Unmanned Aircraft/UVA，用 Wikipedia 英文版搜索，不存在"Pilotless Aircraft"这个页面，换关键字"Unmanned Aircraft"则自动跳转到"Unmanned Aerial Vehicle /UAV"这个页面。由此可见，翻译时，可先通过词典网页等查出相应的表达法，再代入 CNKI 翻译助手及 Wikipedia 英文网页验证。

第三类词我们较为熟悉，可结合上述查找方法：中东战争（The Arab-Israeli Conflict）、防空导弹（Air Defence Missile）、贝卡谷地（Beqaa Valley /Bekaa/ Beqaa）、气动设计 (Aerodynamic Design)。

其次，使用 google 网页翻译、有道字典翻译以及雅信三种 CAT 工具对文本实行预处理。三种 CAT 工具的对比示例如下所示：

（1）MD82 是 MD80 飞机系列中 80 型的改进型

google：MD82, MD80 aircraft series, 80 improved

有道：MD82 is the series 80 type MD80 the improved

雅信：MD 82 is 80 plane Series suffer 80 Type of generation

（2）由现属于波音公司的麦道飞机公司的 DC-9 飞机发展而来的中短程飞机

google：and is now part of Boeing's McDonnell Douglas DC-9 aircraft to short-range aircraft.

有道：is now belongs to the Boeing plane company DC-9 Douglas aircraft to ZhongDuanCheng plane of development.

雅信：Yes show belong to belong to boeing Co. boeing Co. of McDonnell Douglas McDonnell Douglas 9 plane develop came of suffer short range short range plane.

（3）与 B737、A320 属于同一级别

google：with the B737, the A320 belonging to the same level.

有道： and B737, A320 belong to the same level.

雅信： and B 737, A320 belong to belong to Identity Hierarchy.

（4）使人们真正认识到无人机军事价值的是 50 年代发生的那场中东战争

google：So that people truly realize the human rights of military value is that by the

1950s war in the Middle East.

有道：Make people to understand the value of the military without human rights is 50s of the war in the Middle East.

雅信：Use folk in word and deed take cognizance of nobody weight military value of Yes 50 Date genetical Those Field Middle East War.

最后译者需要借助自己的语言和翻译能力，对译文进行识别、修改和完善，形成最终译稿。

综上所述，我们可以对各种计算机辅助软件和工具进行评价：对 google 来说，其专业术语和固定说法表达得较为准确，用词较国内翻译字典准确，缺点是句法表达混乱，很多说法都不成句子。而对有道来说，其优点是可以联网查询大量的词汇，结合互联网上的各种信息给出译文；缺点是译文表达不地道，多为中式英语。最后来看雅信，其优点是译者可以参与选择，比上述两种翻译工具人性化，通过计算机与人优势互补，由译员把握翻译质量，计算机提供辅助，节省译员查字典和录入的时间；有自带的专业词库，方便翻译；可添加自定义词库，方便下次使用；缺点是逐句翻译、选词，效率低，雅信的译文是完全的逐字翻译。

具体来说，在句法翻译方面，google 翻译有些句子过于破碎，主谓宾不明确，但用词表达等具有一定的参考。有道翻译表面看上去句子比 google 完整，但是句法错误也较多，需要调整。雅信翻译则句法较差，基本都是逐字翻译，需要大量的人工调序进行修改。在术语翻译方面：google 翻译较为准确，可以作为主要参考。有道翻译有些术语不准确，过分逐字翻译，如波音飞机公司，有道翻译为：Boeing Plane Company，说法啰唆，一般可直接说成 Boeing/Boeing Company。雅信翻译虽然有术语库可查，但是由于雅信是逐字翻译的软件，有些术语该软件翻译不出来。

所以，计算机辅助翻译软件和工具各有利弊，需要译者仔细研究，灵活运用。而这种对于计算机辅助软件和工具的对比分析过程，同时也是译者积极主动地和各种软件、工具以及语篇成分间的互动协商过程，更是译者丰富多彩、各种各样翻译方法和翻译策略的使用过程。

6.6　本章小结

翻译是一项实践性很强的学科，而翻译测试作为检验和促进翻译实践的手段，其测试的目的应注重交际翻译测试。本章首先以交际语言能力、交际性测试原则及交际翻译相关理论为基础，讨论了翻译测试的目的，即测试受试者的语言能力、跨文化交际能力、转换能力和策略能力，以及翻译测试所适用的文本应为信息文本和呼唤文本。我们结合分析了改革之后大学英语四级翻译测试试题中存在的不足之处，并提出设置情景、选用适当文本、增加题型和完善评分的建议，以希有助于今后交际性翻译测试的专业化发展。本章接着从语义学的角度出发，运用视点理论研究翻译中的视点转移，着重考察在翻译实践中，如何有效提高策略能力和跨文化交际能力，而这对于构建交际性翻译测试具有很大裨益。本章最后通过计算机辅助翻译例析，探讨了计算机辅助汉译英翻译过程及其相应的翻译策略。

第7章　外语教学中的交际性听力测试

在母语的习得过程中，人的第一语言活动就是听。听力理解作为"听、说、读、写"四项语言能力之首，是语言理解最普遍的形式之一，在语言学习和交际中占有举足轻重的地位。除涉及语言知识外，听力理解还与心理学、神经学、社会语言学等多方面的知识和能力有关，因而较读写而言有相对的难度。

一般英语测试的题型包括听力理解、读（词汇、语法和阅读理解）以及写这三个部分，听力理解历来是最难、考生丢分最多的薄弱环节，因此英语听力教学和测试必然是英语教学的重要部分。但长期以来，我国的英语水平考试的标准化倾向日益明显。如高考，大学英语四、六级考试等，除"写"这部分外，基本都采取多项选择题的题型，这也导致了英语教学课堂越来越多地采取"选择题"的训练模式。听力测试作为语言测试的一部分，也完全承袭了"标准化"的测试模式，多采用多项选择题的题型。受"标准化"测试模式的影响，教师容易采取标准化的教学与训练方式，导致学生不能完全掌握所学知识，甚至存在侥幸猜测心理等，实际上这阻碍了学生语言水平的提高。

交际测试法的出现和发展则极大地纠正了目前我国英语测试中的一些弊端，同时也为英语教学做出了积极的反拨作用。与"标准化"语言测试不同的是，交际测试法既能考察被测试的语言知识，还能测试被测者在不同语境中能否恰当得体地使用这种语言的综合能力。2004 年教育部颁布的《大学英语课程教学要求（试行）》明确指出"大学英语的教学目的是培养学生英语综合应用能力，特别是听说能力，使他们在今后工作和社会交往中能用英语有效地进行口头和书面的信息交流"，也重申了教学评估在课堂教学中的重要性，并强调终结性评估也应该主要评价学生实际使用语言进行交际的能力。这为英语测试提出了明确的要求和方向，我国教育部从 2006 年开始便推行大学英语四、六级考试改革，其中一项重大的措施就是将听力考核的分数比重由 20% 上升到 35%，并且听力题材选用对话、讲座和广播电视节目等中更具有真实性的材料，目的就在于测试学生真实的听力理解能力。

这些都表明英语听力测试必须反映被测者的语言交际能力，而随着交际性测试理论和实践的不断发展，交际性英语听力测试也逐渐发展起来，许多学者对交际性英语听力测试做出了探索，包括交际性英语听力测试的题型、交际性英语听力测试在现行的英语测试中的应用、交际性英语听力测试的任务设计以及交际性英语听力测试的信度和效度等方面。

7.1 Bachman 的语言交际能力模型

本书第 1 章提到，Bachman（1990）在总结前人理论和通过实验验证的基础上推出了新的语言交际能力模型（Communicative Language Ability, CLA）。该模型是对 Canale，Swain（1980）和 Canale（1983）模型的继承和发展，它既包括语言知识（或能力），也包括在语言交际情境中恰如其分地运用这些知识的能力。CLA 模型由三个部分组成：语言能力（language competence）、策略能力（strategic competence）、心理生理运动机制（psychophysiological mechanism）。这三大因素被称为交际性语言测试框架的三大组成部分。Bachman 的语言交际能力模型相对之前的框架更加全面，同时也更加系统化。此外，它在实际语言教学和语言测试中的实施相对更加简单。

Bachman（1990）模型最大的特点是发展了前人对策略能力的理解。Canale（1983）把策略能力定义为对言语和非言语技能的掌握，包括弥补语言能力的缺乏而造成的交际障碍和加强话语的修辞性两个方面。Færch 和 Kasper（1983）则描述了一个言语表达的心理语言学模型，包括计划和执行两个方面。计划部分包括交际目的和计划过程，执行部分则是执行计划时的神经和物理过程。但此模型的主要作用是交际时对语言能力不足进行补偿。可以看出，他们都把策略能力当作一种补偿手段。

Bachman（1990）认为策略能力是所有语言能力的重要组成部分，而不仅仅起到补偿作用。Bachman 的策略能力包括估计、计划、执行三个阶段。估计阶段包括四个环节：①对信息的辨认，比如语言变体或方言等；②确定哪种语言能力（母语/外语）能最有效地实现交际目的；③判断哪些能力和知识是我们和对话者共有的；④随着交际的进展，判断交际目的的实现程度。在计划阶段，我们需要在语言能力中寻找可用的东西并构成一个计划，通过实现这个计划来达到交际目的。在最后的执行阶段，我们需要调动心理和生理的机能，以适当的方式和媒介把计划内容付诸实施，实现交际目的。在心理生理运动机制中，我们首先要区分听和看两种渠道以及理解性和表达性两类模式。在理解性的语言应用中，我们需要使用听和看的技能；在表达性的应用中，我们需要使用神经肌肉技能（比如说话和写字）。

7.2 英语听力理解

语言学家 Fries 认为听是言语交际的前提，也是一项最基本的交际性活动。听力理解是英语学习中一个至关重要的方面。它被认为是一个非常复杂且看不见的心理过程，这使得人们难以给出一个准确的定义。尽管已经有大量关于听力理解的理论研究，它仍然是最不为人理解的过程之一，学界关于听力的定义尚未达成一致。

首先，我们需要准确的区分 hearing 和 listening。Hearing 指的是无意识的去听声音或者信息，这种声音或信息是不经过大脑加工的。因此，这种听不一定有意义。例如，我听见了一个声音。这个句子代表的只是运用听觉器官的结果。Listening 则意味着有意识地去听声音或信息。例如，在课堂上，老师经常会对学生说"大家请看黑板"。在这个句子中的听就是让学生集中精力，调动听觉器官并运用大脑对所听到的声音或信息加以处理，获得有用的信息。因此，这里的听是一个有意义的活动。听力理解就是学生通过运用听力渠道所获得的能力，换句话说，在听力理解中，目的性和理解是关键因素，也是听力测试的目标。

其次，Buck（1992）认为听力理解是一个推理过程，在这个过程中听者通过语言知识、非语言知识和声音讯号之间的互动构建意义；而且情景语境和听者的目的引导影响对语篇的解读。Brown 和 Yule（1983）认为听力过程是一个理解的过程：重复先前回指语所提到的内容。在听过之后，听者尝试把他所听到的内容和他自身的经历联系起来，然后做出自己的解读。Rost（1990）提出了以关联理论为基础的听力理解模式，强调语言理解既是译码过程，又是推理过程，其中心思想如下：

1）听者激活理解话语所需的可能的知识；

2）听者有选择的听话语，同时通过语音、句法和词汇分析揭开话题命题意义；

3）听者给话语提供一个可能的语用含义，即特定语境下说话者的可能意图；

4）听者把释义后的命题按一定顺序排成层级表征，并把他们储存在长时记忆里。

再次，邹申（1997）把听力技能分为三类：①微观语言学意义的理解。②直接意义的理解。③间接意义的理解。这三种听力技能分别代表了不同层次的听力理解。在微观语言学意义理解中，学生只需从语言点中获取信息，例如，区分不同的音素，辨别音素与单词等。然而，只从语言的方面理解信息并不意味着一个人真正掌握了听力内容的真正意义，他仍需要很好地掌握上述的 B 和 C 技能。例如，了解听力材料的大意，掌握主要信息并区别不同信息之间的关系。

由此看出，听力经常被认为是一种接受性技能，而这种观点会误导我们。恰恰相反，听力是一个积极主动的加工过程。例如，Littlewood（2000: 67）把听力理解的积极本质定义为"听力的本质鼓励人们加入一个积极的听力过程，不仅运用语言线索，同时也运用非语言知识"，"听力的积极本质也意味着学习者必须是由交际目的激发的"。

最后，众所周知，真实听力材料和口语有着紧密的联系。因此，口语的特征通常也被视为听力材料的特性。下面是真实听力材料的主要特征：①言语冗余； ②背景音嘈；③口语化。

回顾近年来的主流外语听力测试方法，主要有三种：分离式测试法、综合测试法和交际测试法。

分离式测试法盛行于 20 世纪五六十年代，是结构主义语言学的产物。在分离式测试模式下，语言是由不同语言层次的语言成分（比如语音、语法和词汇）和技能（比如听力、口语、阅读、写作等）所构成，因此应当分别测试各个语言点和各项技能。而在听力测试中，最常用的分离式测试题型有三种：语音辨别、同义确认和反应评估。其中最具代表性的就是语音辨别，即让听者听孤立的词，然后在几个选项中选择刚听到的词。此种测试方式目前在一些英语初级教学课堂中仍然存在，容易导致死记硬背的不良学习习惯。

例 [1] 牛津版小学英语六年级上学期期末试卷

听录音，选出与所听内容一致的选项，将其序号填入题前括号内。（听两遍）（10 分）

（　　）1. A. Aladdin　　　　B. answer　　　　C. August

（　　）2. A. blow　　　　　B. before　　　　C. beside

（　　）3. A. carrot　　　　 B. camera　　　　C. calculator

这种分离式测试逐渐受到质疑，以 Oller 等为首的语言学家通过语言测试和对测试数据的分析，证明只有综合性测试才能更好地测量出学习者的真实语言水平。在目前的听力题型中，dictation，listening 和 gap-filling 都是比较典型的综合性测试。Oller 认为，由于听者在听的过程中要动用语音、词汇、语法和篇章结构等多种知识，因而这种方法更能测试出听者的综合语言水平。

第三种测试方法便是本书提及的交际性语言测试。交际性测试强调测试内容的真实性和测试题型的互动性，要求测试任务中应含有信息沟，被测者在接受测试的同时实现交际目的。

7.3 交际性英语听力测试

7.3.1 交际测试法考查的听力技能

Arthur Hughes 将听力测试技能分为宏技能和微技能两种，前者包括听懂某个具体信息，抓住大意，跟上指令等；后者指理解音调，识别句子结构功能。Weir 则从直接理解、推断理解、支持性理解和听写四个方面来归纳描述不同听力任务和对技能的要求。

而 J.C.Richards 在通过分析和研究后列出了比较详细的微技能内涵：①理解重音和语音语调；②从连续的话语中辨别语音；③理解句际间的关系，如比较、原因、结果、程度、目的等；④判断说话人的观点、态度等；⑤判断话语的交际功能；⑥理解所听材料的隐含意思；⑦掌握所听材料的中心思想；⑧掌握所听材料的重要细节。这些技能内涵概括比较全面，可操作性也强，具有一定的优势，可作为大学英语听力测试的命题依据。

很显然，那些技能都是从低到高排列的，且有一定的递进性。前三条较适合比较低级水平的听力测试，后几条则是高一些的要求。目前我国一些大规模的英语水平或等级测试面向的是至少接受过六年英语教学的考生，他们的英语基础应属于中级水平及以上，因此在设计测试试题时，应该在兼顾低级技能的同时主要观察对交际水平起决定作用的高级听力技能的掌握情况，即以前三条为辅，后五条为主的原则来设计试题。

7.3.2 交际测试法要求的听力材料

交际测试法要求测试任务能够反映被测者未来的语言交际需求，因此试题设计时强调测试任务的真实性，所听内容和形式都应代表被测者未来的交际现实。听力材料的真实性主要体现在语言特点上。听力材料与阅读材料不一样，多为口语化的材料，需要适当存在不合语法的或者不完整的语言形式，如存在迟疑、错误起句、重复、零碎语和停顿等。试题设计者应主张使用真实的听力材料让被测者了解自然语言中的大量冗余信息，使被测者在听的过程中不受干扰，把注意力集中于真正传达意义的内容上来。其次听力材料的真实性也体现在语境上。实际生活中，语言交际必定是在一定的环境下进行的，在某种程度上，语境还决定了语句的含义。比如，"I am cold."，它可以是一句抱怨，还可以是一句暗示，让听者关窗之类。因此听力材料必须具有具体的语境来显示交际的真实。上文提及的分离式测试中的单词辨音的测试方式很明显就违背了这一真实性的原则。当然，语速的选择也需要体现听力选材的真实性。语速的过快、过慢都会造成失真，交际性语言测试中的听力测试选材就需要符合真实生活中一般人的讲话语速。

交际性语言测试要求听力材料反映真实交际，但实际生活内容太过宽泛，因此必须要选择具有代表性的样本，样本的选择也需要多样化，涉及多个领域，并且体裁也不可单一，可采用对话、独白、讲座等多种形式。这一点英语专业四、八级等处理得较为完善。此外，听力材料也应有趣，能吸引被测者的注意力，枯燥乏味冗长的材料一定程度上反而会造成被测者无法完全发挥出自己的听力水平。

交际性语言测试也要求所选取的听力材料难度要适中。首先需要了解语言基础，对生词量加以控制。信息内容也需加以控制，老生常谈的话题会使试题太过容易，但也要避免材料太长或信息量太过集中，这会导致考生的记忆力负担太重，从而顾此失彼，即存在一定的外在认知负荷，是指由于不恰当的教学设计导致与认知加工过程（如图式建构或自动化）没有直接关联的活动而施加给工作记忆的负荷。外在负荷主要源于认知任务的设计和呈现不当、与实际教学无关的活动。一般来说，单篇听力材料不宜超过 5 分钟，信息的分布必须隔一定的距离。因为被测者无法在错过信息点时再回头来看，单位时间内需要处理的信息量比较大，精神高度紧张，为了取得良好的测试结果，整个听力测试的时间都应该加以控制。目前，我国大型的英语水平测试听力部分都控制在 15—30 分钟内。

7.3.3 交际测试法提倡的听力测试题型

在确定了测试所应考察的听力技巧和所应选取的听力材料后，我们还需要考虑语言输入方式及题型。交际性语言测试在测试的方式上要强调实用性原则，又要具有可操作性，从而确保测试的效度和信度。尽管多项选择题是我国多数英语听力测试中用的较多的一种题型，且题型评分也较为公正简单，但违反了交际真实的原则，因此在交际性语言测试模式下，不该被推崇为主要的题型。相反，建构题型具有较强的互动性，较符合交际性语言测试的要求。比如辨析题，既要求被测者根据听力材料中的信息对图画或图片进行辨认、标注、填写表格、记录路线等，此题型能较好地体现交际测试法的真实性特点，也能较为可观地反映被测者的听力水平，应大力提倡。其次，如听写题，不仅测试了被测者的听力水平，而且包含了对真实交际状态下被测者做笔记能力的考察，也值得提倡。

这类建构题型更接近语言实际使用的特征，效度极高，一方面能够减少猜测技巧对被测者真实语言能力的影响；另一方面也能促使教师将教学重点放在提高学生的语言能力上。

7.3.4　试卷设计

交际性测试主要关注的是语言是如何运用于交际的，而且测试的任务要尽可能的与学生在真实生活中遇到的情况一致。因此交际性英语听力测试作为交际性测试的一部分，同样也需要考虑到真实生活中的听力，并且交际性英语听力测试必须从测试的有用性原则出发进行题目设计。

（1）真实性

真实性是指"某项语言测试任务的特征与目标语使用任务的特征的一致程度"，在交际性英语听力测试中，真实性主要包括听力材料的真实性和听力任务的真实性。真实的口头语言有自然的节奏和语调；语速随情绪变化，时快时慢；句子结构相对松散，甚至不完整；有各种各样的背景声音充斥在听力材料中，时有停顿或重复；信息分布也不那么集中。真实性是交际听力测试必须坚持的一条原则，意味着测试中的听力材料必须是真实语境中可能发生的，交际任务是可行的，语调语速自然，这才能考察考生听懂实际话语的能力。

（2）效度和信度的均衡

虽然效度和信度是检测测试质量的重要指标，但是"某些场合两者相互排斥"（Weir, 1990），并形成一种对立，因此在交际性英语听力测试中，我们应该注重效度和信度的均衡，尽量两者兼顾，避免出现顾此失彼的现象。在处理信度和效度的关系中，许多学者都把效度放在首位。Spolsky 认为，没有效度，其他一切指标（包括信度）都将失去意义。其他很多学者也认为一项测试最重要的是效度。在具体处理信度与效度的关系时，Heaton（1988）在此基础上进一步提出，首先应该设计高效度的测试，其次再通过其他手段提高信度。

7.3.5 应试技巧和策略

交际性英语听力测试试题不仅涉及试卷设计者，而且与被测试者密不可分，设计者在设计试卷时必须根据被测试者的特征和实际水平进行，而被测试者也应该根据自身对试卷信息已有的了解采取相应的应试技巧和策略，提高自身的总体交际性英语听力能力。在交际性英语听力测试中，我们可以采用传统的预读考题，边听边记，注意说话者的语音语调等应试技巧。具体来说，被测试者首先可以做一些预准备，尤其是在一些英语的特有语法和句式方面，以此来提高自己的听力测试能力。例如否定无论在对话还是短文中总是频频出现，而理解否定的含义最重要的线索是抓住否定性的关键词，所以我们平时既要熟悉明示否定也要熟悉暗示否定。前者比如：hardly，little，never，nothing，neither，by no means，on no account 等，后者比如：miss，fail，instead of，rather than，far from 等。还要注意否定形式、肯定意义的结构，比如：You can't be too careful with your work. 再如英语中的虚拟语气常常有弦外之音，我们需要加以掌握，以便更好地应对听力测试。例如：But for the branches, he would have already been dead. 如果我们了解 but，but for，except that，without 等引导的含蓄条件句，就能明白这个句子的确切意思是 branches 救了他的命。再如：If only our team had scored one more point! 如果我们了解 If only, I wish 等引导的从句表示一种无法实现的愿望，那么就能了解这句话表达了什么样的遗憾情绪！

另外，前文谈到的边听边记也很值得探讨，如何边听边记？听什么？又记什么？首先，我们应该多听多练，培养对数字的敏感度。因为我们在听有关数字的信息时往往会感到困难，例如，在听一些较大的数字时会一下子感到毫无头绪。请看以下句子中的数字：I mean 40 000, you can get a brand new one. 这就需要我们平时就培养对数字的敏感度，比如，随意写下一些数字，用英语读出，也可以和同学合作做游戏。我们还要注意数字的读音，更要了解不同的数字表达方式和读法。例如：小数和分数的读法。比如：小数 0.23 可以读作 zero point two three，也可以读作 point two three。分数 1/4 可以读作 one fourth 或 a/one quarter。其次，我们还要学会听取关键信息和推断说话者的态度。前者可以通过连接词来实现，而后者则可以通过说话者的措辞、听话者的语调以及说话者所选择的细节内容等几种方法来判断说话者对于所描述内容的态度。英语用来表示态度的单词主要有：optimistic，pessimistic，positive，negative，approving，disapproving，neutral，impartial，suspicious，doubtful，indifferent，unconcerned，confident，critical 等。

从以上的分析可以看出，英语交际听力策略不应该仅仅是理论上的陈述，更应该是实践中可以遵循和操作的具体的技巧和方法，这就需要研究者们从理论中梳理总结，也需要教师总结课堂教学经验，提炼出真正富有成效的英语交际策略，以便供学生们学习和使用。所以英语交际教学不仅仅是对语言知识的传授，更应该是对交际能力和策略能力的传授，因为只有这样，才能培养具有交际能力的学生。

当然，被测试者还可充分利用图式理论提高应试策略。图式这一概念最早是由德国哲学家、心理学家 Kant 1781 年在其哲学著作中提出来的。他认为，"人的大脑中存在着纯概念的东西，图式是连接概念和已认知对象的纽带。新的概念只有同人们已有的知识建立联系才会变得有意义"。Rumelhart 则认为，"图式是人们所有一般知识的总和"，这和第 1 章中谈到的"陈述性知识"如出一辙。Widdowson 则认为，图式是已知事物或信息存储于头脑中的知识结构。而按照 Cook 的观点，图式是头脑中的"先存知识"或"背景知识"。虽然上述学者对于图式的定义不尽相同，但是对于图式的内涵的理解是一致的。大体上说，图式是一个人过去所获得的所有知识在头脑中存储的形式。

图式理论模式强调自下而上（bottom-up）和自上而下（top-down）两种信息处理方式。前者指输入信息起始于最基本的具体图式，结束于高层次或较大图式的形成，即听者从识辨具体语音、单词开始，发展到辨别句子、段落的信息。后者指高层次图式用来预测、筛选、同化输入信息，即听者利用大脑已有的背景知识来分析、处理输入的语言信息。"自下而上"的方式较注重语言知识，即语音、语法、词汇、句子等方面知识的具体运用；而"自上而下"的方式则更多地依赖对背景知识的掌握，即大脑中已有的对情景、人物、主题、事件等的了解情况。（苏丽琴，2003：30-31）

人们在接触新事物时总会把新事物与相关的已知事物相联系，借助已知事物认识未知事物，因此人们对新事物的理解和认识在很大程度上依赖于图式，即背景知识。听力理解是一个听者的语言知识、背景知识及所听信息的相互作用的过程。在整个听力理解过程中，听者往往要充分利用所掌握的语言和非语言知识，包括各种背景知识，对外界输入的语音材料进行加工、处理，达到理解说话者意图的目的。在交际性听力理解的过程中，听者头脑中存储的图式越多，就越能帮助听者正确、透彻地理解听力材料。图式理论在听力理解当中的作用主要有以下三个方面：

1）图式会影响考生的记忆过程。图式是一种抽象的知识结构，其中包括了许多具体的已知实例，激活相关的图式，有助于加深考生对于材料中所提及的内容的记忆。

2）图式可以帮助考生进行合理的推理。在考前听者可以根据试卷上给出的相关信息，激活可能的相关图式，为考生指明方向，缩小内容范围。

3）图式有助于考生对新信息进行预测。预测是指考生在听的过程中，根据已知信息对即将听到的内容进行推测。图式概括了大量的已知知识，具有极强的代表性，考生可根据已知信息和已知图式进行预测，如果预测与实际新内容相符则能促进考生答题，反之则会对考生答题产生一定的干扰作用。

7.3.6 评分标准

除了交际性英语听力测试的题目设计和应试策略外，评分标准也是实际试卷设计者应该考虑的一个重要环节。交际性英语听力测试主要考察的是学生的交际性英语听力理解能力，那么评分标准就应该以学生是否听懂为依据。因此，在听力理解部分，如果学生需要以书写的形式来呈现答案，那么评分标准要灵活处理书写的准确性问题。

7.4 交际性英语听力测试在实践中的应用

本章的前面部分从理论上探讨分析了交际性英语听力测试，在这一部分将结合实际分析交际性英语听力测试的运用。笔者以英语专业八级试卷作为分析样本，探讨交际性英语听力测试的实际应用。由于时间和篇幅有限，这里只选取了10—12年的专业八级听力真题作为样本。

英语专业八级考试听力部分（见表7-1）由三个项目组成：Section A: Mini-lecture；Section B: Interview；Section C: News Broadcast。Section A 部分由 10 个填空题组成，此类题目是目前国内英语考试中难度最大的一种听力题目。考生首先会在无任何文字提示的情况下听到一篇长约 9 分钟，1 000 词左右的演讲稿，同时被要求在纸上做笔记。听力结束后，监考人会将答卷纸发至考生手中，要求考生利用笔记内容进行填空。Section B，Section C 均由 5 个选择题组成。Section B 部分每道选择题后有 10 秒间隙，Section C 部分每道选择题后有 20 秒的间隙。要求学生从试卷所给的四个选择项中选出一个最佳答案。考题语速100—110词每分钟、采取英音与美音混合的方式、每种类型的题目都只播读一遍。

表7-1　2010—2013年英语专业八级听力测试的材料分析

材料评价＼年份	2010 年	2011 年	2012 年
Mini-lecture	Paralinguistic Features of Languages 主题是辅助语言学，其内容对于英语专业的学生来说较为陌生，而且专业性太强，在日常生活中较少涉及该话题，即使对于英语专业大学四年级的学生来说，它也是一个很少提及的话题，因此该听力材料的真实性相对较低	Classification of Cultures 其主要内容是对于高语境文化和低语境文化的区分，这一话题对于我们考生来说既熟悉又陌生，因为我们对高语境和低语境文化这两个术语知之甚少，但是关于高语境文化和低语境文化的具体内容又体现在我们生活中的方方面面，每个学生对此都有切身体会，该听力材料较为贴近学生的实际生活，具有较高的真实性	Observing Behavior 该短文主要讲的是日常生活观察和研究观察的差异，其内容与我们的生活息息相关，我们自己应该也有过生活观察和研究观察的经验，因此遇到这个话题时，应该能对内容做些简单的预测，具有较高的真实性
Interview	该采访的主题是围绕多样性这一话题展开的，主要涉及的是美国的政治、经济、文化等诸多方面的多样性和这一多样性的发展演变，以及多样性的地区差异。英语专业的学生在学习美国文化时都接触过这个话题，因此并不陌生，而在实际的文化交流中，这也是一个很热门的话题，具有较高的真实性	该采访的主题是二语习得，主要谈到的是二语习得的定义，影响二语习得的因素，以及一些重要的二语习得方法和理论。二语习得这一术语在本科生的学习中并不频繁，但是我们本身正在进行的学习也是一种二语学习，因此学生对该话题有切身体会，真实性较高，但是其中涉及的一些理论知识学术性太强，使得难度大大增加	该采访的主题是关于创造性，主要谈及的是创造性的定义、影响人们创造性的因素、创造的过程、创造性性格的人的特征、培养创造性的一些方法。学生们对创造性都很熟悉，学校和老师都在鼓励学生成为有创造性的人，而国家也正在创造创新型国家，创新在当今世界也是一个热点，这一话题完全取材于当前的国内外发展趋势，真实性很高
News broadcast	该部分的三则新闻分别是日本新研发的Wallet-Phone、津巴布韦的通货膨胀和埃及议会发生火灾。这些新闻所涉及的话题涉及科技、经济和灾难，覆盖面广，取材于真实的事件，真实性高	该部分的三则新闻分别是Greyhound将在英国开辟新的路线、希腊火灾的救援状况、墨西哥经济衰退。这三则新闻分属于交通、灾难和经济，这些话题是人们在经济生活中经常谈论的话题，与真实生活事件较为接近	该部分的三则新闻主要是关于美国新建了空间站、不同国家的父母对待孩子的方式、日本的经济发展状况。三则新闻分别涉及航天、教育方式和经济，都是人们耳熟能详的话题，较为真实

通过表 7-1 可知，从题目类型来看，英语专业八级考试听力部分由多项选择题和填空题构成，选择题信度较高，而填空题则效度较高，因此具有较高的信度和效度。从听力材料的内容来看，英语专业八级考试听力材料所选择的话题大多与我们日常生活中经常涉及的话题相关，真实性较高，能够激发考生对测试任务的积极反应，从而有助于他们发挥最佳水平。从听力任务的设计来看，英语专业八级考试听力材料过多地使用多项选择题，形式过于单一，与现实生活中的听力任务存在一定的差距。通过分析得出结论：交际性英语听力测试在英语专业八级考试中还没有得到充分实现，需要进一步加以完善和推广。

例如，英语专业八级考试听力试题的录音，基本都是由来自英国、美国的外教录的音，其他英语国家的外教几乎没有，因此在录音时适当增加一定量的英语变体（Accented English）， 如 Canadian-accented English，Australian-accented English，Indian-accented English 等，可以提高语音输入的真实性和测试效度。

英语专业八级考试听力材料过于依赖多项选择题，题型过于单调刻板，试卷设计者应该打破多项选择题在英语专业八级考试中的垄断地位，适当增加各种形式的客观性简答题。

7.4.1 英语听力测试中存在的主要问题

（1）信度与效度相矛盾

当前英语听力测试设计中存在的最主要问题在于不能很好地处理信度与效度的对立统一关系。效度要求听力测试题目具有多样性，测试内容和形式与实际的语言运用越接近越好。但信度则强调语言测试的科学性，测试时语言要进行分割处理，语言内容与形式要与语言的实际运用脱离。因此要做到在听力测试中同时具备极高的信度和效度十分困难。若听力测试缺乏信度，就不能真实地反映被测者语言行为的测试结果，测量或评估被测者的语言能力就缺乏合理的依据。同样，在缺乏效度的测试中，知识的测量与语言能力的掌握相差甚远或毫不相关。因此在缺乏效度的情况下，被测者真正的语言能力是无法从这样的测试结果中检测出来的。因此，完善的交际性语言测试要求做到信度与效度缺一不可。

（2）英语听力测试缺乏建构题型

正是由于英语听力测试中信度与效度互为矛盾，听力测试所设计的题型才较为固定单一，即以选择题为主，主观题较少。测试设计者容易忽视选择题型消极的反拨作用，即这类题型考察的是学生掌握语言知识的能力和猜测能力，仅能测试出学生的被识别接受语言能力。换句话说，被测者靠猜测或排除法而选对答案并不能说明被测者已掌握某一语言形式；同样，即使被测者运用自己的语言能力做出正确的选择，也不能说明某一语言形式被测者已经真正地掌握并且运用了。总之，选择题型的测试结果不能确切反映出被测者实际语言运用能力，而反映被测者真正水平的是语用能力的强弱，这就使得被测者测试的得分与其实际语言能力不一致，从而降低了测试的信度，也对听力教学产生消极的反拨作用。

7.4.2 交际性英语听力测试的几点建议

通过上述分析，笔者认为交际性英语听力测试在理论方面已经日趋成熟，这为交际性听力测试设计者设计合理可行的英语听力测试提供了坚实的理论基础，但理论与实践的发展并不一定是同步的，交际性英语听力测试在英语专业八级测试中还没有得到充分实现，需要在 Bachman 的语言交际能力模型框架和语言测试有用性原则的指导下进一步完善，这里提出以下几点建议以供参考。

（1）确保效度与信度的统一

要解决好英语听力测试设计中存在的问题，处理好信度与效度的关系尤为重要。当然，主观题与客观题分值比例处理得好坏对于测试的可靠性及准确性的影响是至关重要的。客观题具有衡量及评分标准明确、客观的特点，测试被测者的实际语言水平的科学准确度极高，故客观题的测试信度是可靠的。另一方面，主观题使得被测者进行猜测或者推理得出正确解答的几率大大降低了。因此，英语听力测试卷中主观题型越多，测试的效度就越高。作为测试设计者，对于英语听力测试的评判标准要有明确的认识，科学合理地设计各个环节。具体来说应做到以下几点：

1）需要增加主观题比重，这一点雅思（IELTS）做得比较好一些。与英语专业四、八级考试，大学英语四、六级考试等全国性大型英语测试相比，雅思听力测试的题型比较灵活多样、不拘一格。客观多项选择题在试卷中所占的比重为 10%—12.5%，40 道题中有 4—5 个选择题，有效地避免了大量使用客观多项选择题所造成的只考识别能力、人工提高分数、考生作弊比较容易等问题。填空题与完成句子题的命题方式也与国内的英语测试截然不同，文字材料通常是改写的，或是对原文的概述，不仅仅是简单将原文中的某些单词或词组扣去。因此，考生难以靠句子结构甚至是动词短语等语言知识来答题，而必须听懂听力材料中所叙述的大部分信息。短文答题要求考生用 1—3 个词来回答试卷中的问题，既考查了考生的听力理解能力，又考查了考生综合运用语言的能力。表格填空题、标识图表题、搭配题等题型则重点考查细节辨别能力和聆听特殊信息的能力。由此可见，雅思听力测试减少了分列式及知识性题目，增加了综合性语言运用题目，体现了知识型测试向技能运用型转变的测试发展趋势。

2）除了增加主观题的比重外，我们也要注重改善主观题的答案设计。如雅思的短文答题就是要求考生用 1—3 个词来回答试卷中的问题。一般主观题建议答案少于 3 个单词，且辅以"部分得分"的评分标准，从而最大程度地获取考生的真实语言运用水平，在提高测试效度的同时，尽量保持测试的信度。如 2013 年英语专业八级英语听力测试中的 A 部分。

例 [2]2013 年英语专业八级测试

SECTION A: MINI-LECTURE

What do Active Learners do?

There are difference between active learning and passive learning.

Characteristics of active learners:

Ⅰ. reading with purpose

A. before reading: setting goals

B. while reading: (1) _____

Ⅱ. (2) _____ and critical in thinking

i.e. information processing, e.g.

—connections between the known and the new information

—identification of (3) _____ concepts

—judgment on the value of (4) _____.

Ⅲ. active in listening

A. ways of note-taking: (5) _____.

B. before note-taking: listening and thinking

Ⅳ. being able to get assistance

A. reason 1: knowing comprehension problems because of (6) _____.

B. Reason 2: being able to predict study difficulties

Ⅴ. being able to question information

A. question what they read or hear

B. evaluate and (7) _____.

Ⅵ. Last characteristic

A. attitude toward responsibility

—active learners: accept

—passive learners: (8) _____

B. attitude toward (9) _____

—active learners: evaluate and change behaviour

—passive learners: no change in approach

Relationship between skill and will: will is more important in (10) _____.Lack of will leads to difficulty in college learning.

参考答案:

1.checking their understanding 2.reflective on information 3. Incomprehensible

4. what you read 5. Organized 6. monitoring their understanding

7. differentiate 8. Blame 9. Performance 10. active learning

如例 [2] 所示,英语专业八级中的 Mini lecture 部分参考答案评分标准就很灵活,采取 "同义" 原则,只要答案能够达意,便可得分。若出现语法错误,如答案 1:checking their understanding,如果答成 check their understanding,也可以获得部分分数。这样能够最大程度地调动考生的语言综合运用能力,且答题以简短单词或短语答题,以这种控制答案设计的方式,也能基本实现计算机辅助阅卷,增强评分的客观性,尽量保证测试的信度。

（2）贯彻 "真实性" 原则

语言测试的真实性一直以来是学者们所关注的问题。这一特殊的语言特性正是语言使用和语言交际中的测试标准,可以有效地反映出测试任务的信度和效度,同时还对考试者在测试中的表现做出积极的影响,因此真实性成为交际性语言测试中至关重要的一个原则。

首先，要保证测试的真实性，必须设计真实度较高的听力材料。恢复真实的交际场景，适当制造些"背景噪音"，否定全盘的"真空环境"，尽可能符合英语母语的特点。比如雅思听力有四大部分，第一、三部分都是对话，第三部分往往是几个人之间的对话或讨论，都是由真实对话经过后期加工后形成的，通常涉及学校的日常生活或者社交活动。第二部分和第四部分则多以独白或者叙述为主，有时会出现专访或者演讲，都比较学术化，全部都是由社会上的真实情景对话剪辑而成。通过真实的录音材料，我们很容易体会到以英语为母语的人们在日常生活中进行口语交流的特点，音频材料出现的各种现象都可能发生在日常生活中，包括停顿、口误纠正、重复断句、变换主题等。一般自然对话中，1/3 左右的时间都有犹豫和断句的情况出现。这种断句可能会有填补式或者无声式两种，都应适当出现在测试的听力材料中。

其次，听力测试的场景和任务都要真实化。再次以雅思听力测试为例，第二、四部分包含了校园生活、慈善机构、专题讲座或者演讲、电视购物产品介绍、社会交际等各类真实场景的录音剪辑。这类听力材料的要求是，考生必须要做好笔记，以便在填写的过程中做参考。这也是国外经常出现的学习模式，此测试提供了一种真实性很强的语音环境，情景的发生自然而然地引出了任务。听力材料以每分钟230—250 个词的速度播放 500—700 个词的录音内容，且全部材料只播放一遍，从而能够考查考生对讯息的评估和预测能力。考生对有用信息的掌握和理解记录，也能进一步了解他们对语言的综合应用能力。这样一来，真实性就从情景到任务而贯串始终了。

另外，选择更加贴近真实生活的听力材料，一个有效的方法是在交际性听力测试试题中加入可视材料。可视材料接近日常生活它们不仅帮助人们理解指令，同时也常用来说明讲解问题。可视材料能够使学生感觉到他们正在听别人说话，听现实生活中的真实事情。具体材料可以选择几何图形、图片、路标、图表和表格等真实材料，采用可视材料也符合交际测试的特点。

最后，适当增加听力录音的英语变体，在现行的英语听力测试中录音基本上都是采用英音和美音，但是在我们实际的交际中，除了英音和美音外，其他大多数英语国家的英语都带有当地特色，因此我们不但要熟悉英音和美音，还要能够听懂一些其他国家的英语变体，以保证我们在实际的交往中能够与非英音美音英语国家的人顺利交流。一般来说，我们可以适当加入加拿大英语、澳大利亚英语和印度英语，提高听力语音输入的真实性。

（3）丰富题目类型，增加建构题型

打破一直以来多项选择题和填空题两分天下的格局，适当加入一些图表、表格、简答、填空、连线等题型，比如有关接听电话的题目可由原来的选择题改为简答或填空，从简单的要求学生从所提供的选项中挑出正确选项改为要求学生正确地记下来电者的信息和留言，这就要求学生边听边写，这种听写结合的方法可以用于模拟学生在工作和学习中可能遇到的一些常见的任务，更加能够测试学生的综合交际能力。

从题型上来说，选择题客观、经济，能增加测试题量和考试的覆盖面，评分客观，可使用机器阅卷，具有较高的信度，而建构题型需要学生自己总结、归纳、概括，更接近语言实际使用特征，因此建构题型在测试学生的语言能力上效度相对较高。因此，在设计英语听力测试的题目时，首先要保证题型的多样性，适当增加一些简答、填空等建构题型，保证测试的效度。其次，我们在保证测试效度的基础上，通过使用多项选择题和设计详尽的评分标准等提高测试的信度。

当然，我们也可以考虑开发多媒体听力测试，实现画面与音频的完美结合。此种测试方式能最大程度地实现测试的真实性，激发考生的测试积极性，也有助于刺激考生的心理图示，较快地对测试材料进行理解消化。音频与画面相结合也使得听力这样一个输入型测试与口语这样一个输出型测试相结合成为可能，让考生边听边完成实际任务。

语言测试从综合性测试向交际性测试转变，也要求改进国内的听力教学。首先教师要转变观念，积极准备源于真实交际中的听力材料，并且在教学过程中进行有意识的文化输入，改变教学模式，以学生为中心组织各种课内活动。同时学生也该改变死记硬背的学习方式，将训练面扩大到社会生活的方方面面，不仅仅只是注重语言知识的学习，而且培养自己的语言综合运用能力。

7.5　本章小结

交际性语言测试理论以语言运用能力作为语言测试的基本准则，把提高语言交际和解决实际问题的能力作为测试的目标和宗旨，从而为英语听力测试提供了良好的理论保障，使得听力测试能够朝着更加科学化、人文化的方向发展。同时，交际性语言测试模式以考核被测者英语综合交际能力为重点，能适当解决目前我国大型英语水平测试中存在的一些问题。因此，在对目前我国英语测试中的听力测试部分进行改革时，我们要以"交际能力学说"为理论指导，确保信度与效度的统一，使用真实性的听力材料，设计真实的情景和测试任务，配备以客观的评分系统。在此基础上，我们尽可能尝试开发多媒体听力测试和计算机辅助阅卷，这也能更大程度地实现测试的科学性。科学化的交际性听力测试对听力教与学提供积极的反拨作用，也能培养出越来越多的具备综合语言运用能力的语言人才。

第8章 外语教学中的交际性阅读测试

20 世纪 80 年代中期，随着语言学、教育测量学等相关学科的发展和交际外语教学法的逐步普及，交际语言测试也不断完善。交际语言测试强调考生在真实的语言环境中完成真实的语言任务的能力。

作为英语语言基本技能之一的阅读能力一直以来都备受关注。如何以科学合理的方法有效地测试学习者的阅读能力也是近年来的研究焦点之一。本章前部分旨在探讨交际测试理论框架下的新大学英语四级中的阅读测试，以便更好地测试学习者的实际阅读能力；本章的后部分旨在探讨英语阅读理解中的信息沟，以便为交际性阅读测试的可能性和可行性研究提供尝试性的探索。

8.1 交际语言能力及其测试

本书第 1 章指出，美国应用语言学家 Bachman 的交际语言能力测试模式认为交际能力是把语言知识和语言使用的场景特征结合起来，创造并解释意义的能力，它主要由语言能力、策略能力和心理生理机制三部分组成。交际不只是简单地信息传递，而是发生在情景（situation）、语言使用者（language user）和语篇（discourse）之间的动态交互（dynamic interaction），语言测试应测量包括语法、语篇、社会语言能力和策略能力在内的语言交际能力，同时它还应该以真实为准则。

交际测试的目的是为了衡量考生的交际语言能力，Bachman 认为：①语言能力包括语法规则知识和如何使用语言达到特定交际目的的知识。②语言使用是一个动态过程，语言能力的各成分之间互相作用。Bachman 在强调知识结构（语言使用者的社会文化知识及关于现实世界的知识）和语言使用的环境（交际双方、环境、话题和目的等）的同时指出，CLA 包括三部分：语言能力、策略能力和心理生理机制。语言能力包括两部分：组织能力和语用能力，其中每种能力又可以分成更小的范畴。语言的使用是一个动态过程，涉及对一定语境中相关信息的判断、取舍和语言使用者对语义的协商等。各种知识和心理过程交织在一起，相互影响、相互作用。Bachman 认为策略能力应包括三个方面：评价、制定计划和执行计划。

交际测试的有用性原则之一真实性是交际测试与传统测试的基本区别之一。Weir 认为真实性包括以下特征：①真实的语境；②交际双方存在信息空差（information gap）；③不可预见性；④允许考生自我调节。Bachman 和 Palmer 提出的"一致性"进一步说明了真实性的实质：语言使用任务和情景的特征与测试任务和情景的特征的一致性，语言使用者的特征与考生的特征的一致性。在具体的测试中，真实性主要表现为：考生所接触到的语言应是他们听到或读到的语言，考生要完成的测试任务是他们在现实生活和学习中可能遇到的任务，对考生成绩的评价标准是他们在多大程度上完成了测试任务，达到了交际目的。同时，互动性是考生与测试任务之间的相互影响和相互作用。完成测试任务会涉及考生自身的许多因素，除了语言能力之外，还有话题知识、情感图式等，所以在设计测试任务时，应调整话题知识和情感图式的作用，使其不超出考生的知识范围，尽可能减少情感图式的消极作用，发挥其积极作用，使考生充分发挥各层面的语言能力，以便考查他们真实的语言能力。

8.2　新四级测试中的交际性阅读测试

8.2.1　新四级阅读测试部分题型分析

自 2013 年 12 月起，全国大学英语四、六级考试委员会对四级考试的试卷结构和测试题型做局部调整。

调整后的阅读理解部分包括 1 篇长篇阅读和 3 篇仔细阅读，测试学生在不同层面上的阅读理解能力，包括理解篇章或段落的主旨大意和重要细节、综合分析、推测判断以及根据上下文推测词义等能力。该部分所占分值比例为 35%，其中长篇阅读占 10%，仔细阅读占 25%。考试时间为 40 分钟。

长篇阅读部分采用 1 篇较长篇幅的文章，总长度约 1 000 词。阅读速度约每分钟 100 词。篇章后附有 10 个句子，每句一题。每句所含的信息出自篇章的某一段落，要求考生找出与每句所含信息相匹配的段落。有的段落可能对应两题，有的段落可能不对应任何一题。

仔细阅读部分要求考生阅读 3 篇短文。2 篇为多项选择题型的短文理解测试，每篇长度为 300—350 词；1 篇为选词填空，篇章长度为 200—250 词。短文理解每篇后有若干个问题，要求考生根据对文章的理解，从每题的四个选项中选择最佳答案。选词填空要求考生阅读一篇删去若干词汇后的短文，然后从所给的选项中选择正确的词汇填空，使短文复原。

8.2.2　交际性阅读测试在新四级中的应用分析

（1）研究方法

本研究采用案例研究法，选用 2013 年 12 月改革后新四级试卷（3 套）中阅读部分为样本，针对文章类型选择、题型分布等进行统计，分析交际测试在新四级阅读中的应用情况。

（2）研究对象

本研究的对象为 2013 年 12 月大学英语四级的阅读理解部分，共计 3 套试卷，12 篇文章，90 道题目，每套试卷包括长篇阅读（1 篇）、仔细阅读（3 篇）。

（3）分析与讨论

1）阅读材料的选择。语言材料的真实性和多样性是体现语境真实、情景多样的一个重要标准，是交际教学法和交际测试法所要求的一个重要内容，也是交际测试法所谓直接测试的一个重要体现。所以，大学英语四级考试中对阅读材料的选择是展开测试的基石。下面我们针对 2013 年 12 月的 3 套四级试卷阅读题型的材料进行简单的归纳分析，见表 8-1、表 8-2。

表 8-1　2013 年 12 月阅读理解题型体裁（篇）

试卷 ＼ 体裁	议论文	说明文	记叙文	应用文
第一套	1	3	0	0
第二套	2	2	0	0
第三套	1	3	0	0

表 8-2　2013 年 12 月阅读理解题型内容（篇）

试卷 ＼ 内容	社会文化	教育	医疗	经济	自然科学
第一套	1	1	2	0	0
第二套	2	2	0	0	0
第三套	3	1	0	0	0

表 8-1 反应了大学英语四级阅读理解体裁的分布情况。从归纳分析结果来看，新四级阅读理解的文章主要以说明文和议论文为主。由于一些文章存在议论为主叙述为辅的情况，在此全部统计为议论文，没有出现应用文。阅读理解以这两种体裁为主，符合《教学要求》和《考试大纲》对阅读方面的要求，突出了考生生活中接触和应用比较多的体裁，突出了考试的实用性和向导性。

表 8-2 则反映了大学英语四级阅读理解内容的分布情况，基本上包括了社会文化、教育、医疗等方面的内容，这恰恰是与考生生活密切相关的方面。比如，第三套卷中 Section A 部分的阅读，讲述手机在当今信息化社会中的革新，是与大学生生活息息相关的信息知识。在其他方面，如第一套卷中，Section C 的 Passage One 部分，介绍了人体食欲的影响因素等等。此类医疗、教育、社会文化方面的内容都大大扩宽了考生的知识面。我们可以看出，阅读理解的内容选择基本上能做到符合实际需求，重点得当、兼容兼顾。

2）阅读理解的题型设计。除了阅读材料的选择外，阅读理解的测试还可应用多种题型，充分体现交际测试的特点，发挥其优势，直接反映考生的阅读水平。通过对三套试卷的题型进行观察，Section A 部分的短篇阅读采用选词填空的方法进行测试，10 个空选 15 个词。Section B 部分的阅读为长篇阅读，篇章后附有 10 个句子，每句一题。每句所含的信息出自篇章的某一段落，要求考生找出与每句所含信息相匹配的段落。有的段落可能对应两题，有的段落可能不对应任何一题。Section C 部分包含两篇短文，题型均为多项选择题。

多项选择在中国的大型考试中是用得最广泛的一种题型，首先它对考生的考查比较直接，不需要调动其他交际技能来辅助，切实反映学生的阅读能力；其次是阅卷比较客观，方便使用机器阅卷，出错率相对低，一般选项不低于 4 个，但还是不能完全排除猜测答题的因素。而判断正误，可猜中概率太高，但命题容易。选词填空题型的出现填补了这一缺点，该部分的测试重点在于把握文章的结构，主要考查考生对连贯性、一致性、逻辑关系等语篇、语段整体特征，以及单词在实际语境中运用的理解，也就是在既定的语言场景中做出形式上正确、功能上得体的语言反映能力。不同题型的出现，大大增加了形式的多样化，也在一定程度上避免了多项选择和正误判断的猜测因素，对于阅读理解题型的探索与研究还在持续进行，使其能达到多方面测试考生综合运用语言能力并运用到实际交际中的目的。

　　3）细节题。细节题就是针对文章中的某个具体细节而设置的问题。该类题目的题干中通常包含文章的细节信息，这是其非常显著的特点。如第二套卷第 59 题：What is the traditional view of retirement according to the passage? 题干中包含了 "the traditional view of retirement" 涉及了具体的所指信息，表明了考查的细节点。细节题更多地出现在快速阅读（skimming and scanning）中，考查的是考生在冗繁复杂的信息中快速定位查找某个信息点的能力，快速阅读题目强调测试考生在实践语言环境中查询有效信息的能力，这也反映出四级考试试图提升考生实际应用能力的改革方向。

　　4）语义题。语义题考查考生对某个单词、短语或者某句话含义的理解，考查的对象一般不容易被直接理解，且此类题目大多需要考生理解字面意思以外的真实含义。因此，语意理解题需要考生利用上下文理解词汇、短语和句子的意思，例如短语都由简单而常用的词汇组成，但这些熟悉的词语经过固定的组合之后，往往让你不知所云，如 be on the ball（勤奋地从事某事），be in the air（没有确定，悬而未决；到处传播）。这就需要留心上下文，从上下文来推测其意义，抓住关键词语和细节来推断。或者我们可以根据上下文的逻辑关系，包括跟随作者思路，理清关系，区分不同观点，找出答案。这些技能恰恰可以充分运用到实际交际中，根据当时的语境，联系前言，感知情境，准确地理解对方的意思，选择合适的语言表达形式，从而达到交际目的。但在本研究对象三套试卷中并没有出现对语义题的考察。

　　5）推理题。推理题考查的是考生能否在阅读中根据上下文或者文中线索，进行一定的预测、逻辑推理和判断。如第一套卷中第 58 题：What do we learn from the 2011 study? 从 "learn" 一词就可知这是一道推理判断题。在实际交际中，说话人向听话人传递信息时，有时不是直截了当，而是间接地或者有引导性地让对方去想象、思考或推断，从而领悟话语传递的言外之意，从而使交际显得更加丰富、生动。

　　6）主旨题。主旨题要求考生在较短的时间内把握文章的总体框架，划分文章的主要结构，通过分析文中各种观点或者分论点推导出文章的中心意思。第一套卷第 60 题：What is the main idea of the passage? 考查的是考生对材料中心思想的宏观把握与概括能力。而实际交际中，我们也常常需要对说话人表达的意思进行迅速的概括处理，把握重点，从而做出有效反馈。

　　7）观点题。观点题要求考生依据作者叙述的内容、措辞、态度和语气等，对作者在文章中的观点态度做出准确判断。如第二套卷第 60 题：What do critics say about "nervousness"？而在人与人的交际中，我们除了认真倾听并了解别人的讲话内容外，还需要根据对方的语言表达和表情语气，理解对方真正的想法、感情，正确表明自己的观点、态度或立场。这刚好与此类题型考查的目的相符合。

（4）结论

本部分通过对 2013 年 12 月大学英语四级考试三套试卷的阅读部分进行分析发现，Bachman 提出的交际语言能力测试在大学英语四级考试的阅读部分得到运用，无论是在阅读材料的选择方面，还是在题型的设计或者考查的技能方面，都有所体现。

在 Bachman 提出的交际语言能力所包含的语言能力（组织能力、篇章能力、策略能力、心理生理机制能力）中，大学英语四级阅读所考察的能力偏向于对语言能力和策略能力的考察。在阅读题型的选择设计上，选词填空和长篇阅读配对选择部分，着重考察了考生的语言能力；短文阅读多项选择部分，综合考察了考生的策略能力。这些测试方法都体现了交际性语言测试的应用。但是，心理生理机制能力在四级阅读测试中并没有得到足够的体现。

同时，在文章内容的选择上，我们从分析结果可以看出内容过于偏重社会文化、教育领域，而忽视了自然科学、经济等领域。这样不利于考生对自然科学和经济等领域内容的视野拓宽，从而降低了交际性测试的目的所在。

8.3　英语阅读理解中的信息沟 [1]

阅读理解，众所周知，在听、说、读、写四项基本语言技能中占有十分重要的地位。而且阅读理解部分是英语试卷中分值比例较大的部分，在大学英语四、六级考试中，它的分值比例为 35%，由此可见阅读理解的重要性。所以阅读教学也就不可避免成为大学英语教学的一项重要内容，但是阅读教学"高投入、低产出"的现象十分普遍。

究其原因，这与片面、盲目的阅读观念有关，还跟词汇积累的量，学生的语言基础能力、理解能力、阅读方法等方面都有关系。本部分从信息沟这一概念切入，利用信息沟原理帮助提高阅读能力。学生的阅读能力与信息的获取量有着直接的联系，比如因对话题的陌生而不知材料中所云，这就是信息沟过大的原因。教师在教学过程中应有意识地灌输信息沟这一概念，让学生对其有所了解并且学以致用，同时，教师也应该适当创设信息沟，帮助学生更好地理解文本，从而顺利完成阅读。

1　载《教育文化论坛》2013 年 4 月第二期，第五卷。

8.3.1　信息沟概述及其产生原因

信息沟这一概念是随着交际法的推广和应用逐渐备受外语工作者和学习者关注的。信息沟（information gap），也称信息差，是指对话的一方拥有另一方所没有的信息，从而导致双方的信息在拥有上的差异。也正是有了这种差异的存在才产生了一系列人们为谋求"信息平衡"所进行交流和传递的"言语活动"。信息沟是交际双方进行语言交流的原动力。

人们掌握信息方面的差距有大有小，因此，信息沟具有量的特征。信息沟越大，潜在的信息量也就越大，随之交流的过程也变得复杂多变；反之，信息沟越小，交流也变得简单，甚至没有交际的必要性。因为在进行信息的交流时，很少有人就双方清楚的内容侃侃而谈。绝对性和恒久性是信息差的另一特征。由于人与人所处的环境以及生活阅历不同，这就导致了人们之间所掌握的信息存在差距，而这些差异是永恒的、绝对的，也正是由于这种差异的存在，才出现了交际的广泛性和普遍性。再生迅速性和不可预见性是信息沟的另一特点。信息沟是人们交际的基础，它决定了交际活动的多样性、不可预见性和持续性，人们在达到"信息平衡"的同时，会出现新的不平衡，于是又为谋求新的平衡而进一步地探索和追求，产生新的"交际"。因此，真正的语言交流是由于"信息沟"的存在而开始的。

信息沟产生的主要原因是人们在掌握信息方面存在一定的差距，正是因为差距的存在，才使得交流、沟通有存在的必要。然而人类对于客观知识的了解，始终是有限的，对于浩瀚的宇宙来说，了解的不过是皮毛而已，所以这就是信息沟产生的原因。当了解事物发展规律的同时，旧的信息沟会被填补，新的信息沟也随之产生。我们的学生就是因为缺少"信息沟"的沟通而形成交际障碍。教师应对学生进行大量视、听、说的训练，使学生获得语言技能，从而找到语言创新的支点，确立学生的主体地位，促进学生主动地发展。

8.3.2　英语阅读理解中的信息沟与语境化的关系

阅读理解对于学生来说是一项挑战，在英语考试中阅读往往是其失败的最大因素。阅读对于中国学生来说为何如此之难？究其原因，这与阅读理解中存在的信息沟密不可分。正因为这道沟的存在，而学生又不能够跨越这道沟，这才导致做题时总是云里雾里，阅读理解的速度和质量都大大降低。那么，到底是哪些因素影响了中国学生的英语阅读理解力呢？又到底为什么阅读理解中会存在信息沟呢？

笔者从以下两个方面分析探讨了这其中的原因：①文本因素（text-related factors）；②读者因素（reader factors）。文本因素主要指的是阅读材料，例如句子的长短、难易程度，以及对话题的熟悉度。学校生活、体育运动、旅游指南、天气预报等题材是贴近学生生活的，是从学生的兴趣爱好着手的，因此对于这类题材学生感到很亲切也很熟悉，做起题来也得心应手，事半功倍。然而，社会、政治、文化、经济、科普等类话题与学生相关不大，他们平时就不怎么关注，自然也就陌生。因此做这类阅读题目时学生往往感到迷茫，有时甚至是害怕心慌，文章看不懂，题目也就无从下手。他们做这种阅读题目时费时耗力还毫无成效。至于体裁方面，学生向来比较青睐于记叙文，故事类型的记叙文能够吸引学生的注意力。然而应用文、说明文和议论文学生常常感到索然无味，阅读也就无法进行。

读者因素主要指学生与出卷人之间文化知识水平的差异；学生自身的状态，如心理素质等；不同考试策略的运用；中英思维方式的差异等方面。学生和出卷人所接受的教育程度不同，生活历练不同，因此他们之间的文化知识水平也存在着差异。一般来说，出卷人的文化水平往往高于学生，那么出卷人所选用的文本材料和对题目的设置学生有时候是不能够理解的。比如学生对阅读材料的内容和结构背景知识的掌握就远不如出卷人。这就导致了在做题时会误解出题人的意图，选错答案。有的学生在考试时心里素质超差，遇到不会做的题目，看不懂的材料就焦躁不安，还会时不时地看下时间，怕掌握不了考试时间，无法按时完成题目，注意力分散。而心慌意乱是做阅读理解最大的忌讳。有效的阅读策略会使阅读事半功倍。掌握一套好的阅读方法是极其重要的。首先，要快速浏览全文，初步了解文章大意或抓住主要内容。其次，必须带着问题阅读（on-reading activities）。阅读文后题目，暂不作答，带着这些问题仔细阅读文章，准确理解文章细节和主题思想，一边读一边完成简单浅显的题目。然后分析全文，进行推理、比较和归纳，解决难度较大的题目。最后通读全文，检查所答题目是否正确。中英思维方式的差异也是影响阅读的关键因素。语言和思维两者既紧密相联，又相互影响。由于汉语和英语的文体、句法、词法和思维方式和文化根源大不相同，因此容易产生语言上的差异。教师在教学过程中要善于总结英语思维模式的典型特征，然后再结合这些特征对学生从篇章结构、衔接手段、句型和词块四个方面进行分析讲解，从而提高他们的阅读能力。

英语阅读也受到语境的制约。语境这一概念最早是由波兰人类学家 B.Malinowski

在 1923 年提出来的。他区分出两类语境："情景语境"，"文化语境"；也可以称为"语言性语境"和"非语言性语境"。语言性语境指的是交际过程中某一话语结构表达某种特定意义时所依赖的各种表现为言辞的上下文，它既包括书面语中的上下文，也包括口语中的前言后语；非语言性语境指在特定情况下影响语言实际使用意义的语言外部因素，包括文化道德因素、社会习俗和社会背景，以及语言产生的时间、地点和特定的心理条件等等。

简单来说，语言语境其实就是指围绕一个语篇的词、语段、句子等语言环境，亦即语篇或话语中的话题的上下文或上下句，包括语音、语义、语法和文体等要素。"No context, no text." "You know a word by the company it keeps." 这两句英文名言已成为阅读和理解时的座右铭了。阅读和理解的正确与否，在很大程度上取决于能否进行上下文分析。例如，在 2004 年 6 月的大学英语四级考试中，阅读理解中第一篇短文主要简述了个人的成功不仅取决于准时上班、工作踏实和办事勤恳，而且还取决于办公室策略。作者认为，人们应该改变对办公室策略的看法，认识到它是自我提升所必需的，因此应当积极参与。其中有一道题是这样的：

例 [1]11. "Office politics" （Line 2, Para.4）is used in the passage to refer to_____.

A.The code of behavior for company staff

B.The political views and beliefs of office workers

C.The interpersonal relationships within a company

D.The various qualities required for a successful career.

这是一道题义理解题，必须要根据上下文语境来分析。据前文说准时上班、工作踏实、勤恳是工作必备的，还应包括 office politics。根据文章第五段第二句："You have to be able to sell yourself and your ideas, both publicly and behind the scenes."第七段第一句 "experts define office politics as proper behavior used to pursue one's own self-interest in the workplace."可得出答案 C。A. 职员的行为准则，B. 职员的政治观点，D. 成功人士必备的各种素质均不符合题意。这显然是一道必须根据语境来进行上下文推测的选择题。由此，认真阅读文本，学会联系前后文是十分必要的。

非语言语境其中包含了文化语境。语言是文化的载体，话语不可能脱离文化背景而独立存在。文化语境是语言赖以存在的社会文化形态，是语言体现的文化习俗、历史与现状等。例如，2004年1月份的大学英语四级考试"Reading Comprehension"中的"Passage Three"部分，这篇短文指出在英国的许多家庭中，优雅的就餐方式已退居次位，取而代之的是一种无拘无束的就餐方式。这表明人们追求简朴舒适，不利的一方面就是人们在社交常识方面的欠缺。其中有一道题是这样：

例 [2]32. Which of the following may be the best reason for casual dining?

A.Family members need more time to relax.

B.Busy schedules leave people no time for formality.

C.People want to practice economy in times of scarcity.

D.Young people won't follow the etiquette of the older generation.

这道题主要考察的是随意就餐的最主要的理由是什么，如果对英国的饮食文化比较了解的话，读文章之前这道题的答案就可以做出来了。答案很显然是B，人们工作时间长、家庭日程安排得很紧凑，导致人们随意就餐。如果你不能确定的话，你可以通过上下文来验证。A. 说的是家庭成员需要更多的时间消遣，C. 是人们在食品匮乏的时代想厉行节约，D. 年轻人不愿遵循老一代人的礼节。A、C、D文中都未提及，所以不可能是理由。文化语境对语篇意义的理解有着至关重要的阐释作用。在语篇阅读过程中，学生需要建立起文化语境。

阅读理解不仅受到文本因素和读者自身因素的影响，同时还受到语境的制约。总的来说，这是因为英语阅读理解中存在信息沟，而学生又不能找出办法跨越这条鸿沟，因此总觉得阅读无法进行。其实阅读理解的难易与成败和对语境知识的掌握密切相关。因此，教师在教学过程中要善于把知识语境化。何谓语境化？在语言教学中教师通过创设一定的语言性语境来促进学生语言的习得。在阅读教学中语境化是指将一些生词、短语、复杂句置于一定的上下文中，让学生直接感知它们在具体的情景中的用法。使学生对生词、难句甚至是文章的主题思想有全面的认识，而不是像盲人摸象一样获得一些支离破碎的印象。信息沟的原理就是双方之间所掌握的信息的差距，而通过将文本材料一定程度的语境化就可弥补这种差距，但语境化要掌握一定的度，适当的语境化有助于阅读理解，反之，则适得其反。

例 [3]2000年6月大学英语四级考试中的 passage 1

……

The researcher then studied the videotapes to analyze the matches in detail. Surprisingly, he found that errors were more likely when the referees were close to the incident. When the officials got it right, they were, on average, 17 meters away from the action. The average distance in the case of errors was 12 meters. The researcher shows the optimum（最佳） distance is about 20 meters.

……

The word"officials"(Line 2, Para.4) most probably refers to_____.

A. the researchers involved in the experiment

B. the inspectors of the football tournament

C.the referees of the football tournament

D.the observers at the site of the experiment

这道题属于词汇理解类，只看"officials"这个单词你是无法选择答案的，必须利用语境，根据上下文来判断。officials 之前是"when the referees were close to the incident"的表述，关键词有"referees"和表示距离的"close"。

Officials 所在的句子是"When the officials got it right, they were, on average, 17 meters away from the action"，核心是"they(officials)"和表示距离的"17 meters away"，实际上二者描述的是同一类情况，所以可以判定 officials 与 referees 所指相同，所以 C 为正确答案。利用语境中的提示信息是解决词汇语义题最常用的方法，解题关键是该单词本身并不重要，重要的是该单词的相邻语句或稍远一些的上下文，因为多数情况下我们都能在上下文中找到该词或短语的同义表达、近义表达、反义表达、定义性表达或解释举例性表达等。

8.3.3 如何在英语阅读理解中创设信息沟，有效地启发学生完成阅读

信息沟在英语阅读教学活动中发挥着重要作用。在具体课堂教学中通过人为地、有计划、有意识地制造一些信息沟，以达到培养学习者阅读能力的目的。笔者认为，信息沟的利用应贯串于外语教学的始终。我们应针对不同的学习者、不同的阅读题材开展不同形式的具有信息沟的活动。英语阅读中信息沟的存在主要是因为读者对一些文体和一些话题的不熟悉，缺乏背景知识。其次主要是个人因素，比如焦虑的情绪、错误的考试策略等等都会影响到阅读的质量。最后就是不会利用语境知识来

帮助理解上下文。教师在课堂上不仅要教授语言知识，还要补充一些非语言知识。教师应该鼓励和帮助学生尽快地提高语言水平，在阅读课上也尽量预料并帮助学生克服语言上的障碍，使其非语言的信息得以对阅读理解产生有利的影响。为了使学生充分利用其非语言信息，减少对语言信息的过分依赖，在选材和教学方法上都要采取一定的措施。这就需要增加阅读者的背景知识，从而填补阅读中的信息沟。阅读者的背景知识越丰富，他从阅读理解中的东西就越多，因而学到的东西也就越多。总之，语言知识加上非语言知识是提高阅读速度和质量的关键。

综上所述，阅读是外语教学的重要一环，广大外语教师在英语阅读教学中，要千方百计地培养学生的阅读兴趣，提高他们的阅读能力。作为一种行之有效的教学手段，信息沟在英语阅读教学中发挥着重要作用。在课堂教学中，教师要有意识地创造有信息沟的语境，引发学习者进行阅读的愿望和动力。总之，在外语教学中，信息沟的存在与否是判别教学中是否把外语作为交际工具来学习的一个重要标志，是判断学生能否通过课堂教学学到新知识、提高语言技能的重要标志，也是判断课堂教学是否使学生感兴趣的重要标志之一。（王初明，1987）

8.4 本章小结

近年来以 Bachman 为代表的交际性语言测试理论在语言教学和语言测试领域产生了深远的影响。本章前半部分以 2013 年 12 月大学英语新四级考试真题（共 3 套）中的阅读题型为样本进行分析，讨论新四级阅读测试中交际测试法的应用，突出其重要性，并从交际测试理论视角出发对大学英语四级阅读部分的命题提出了一些建议。但如何对语言交际能力进行准确有效的测量还一直是外语测试界需要解决的重要问题之一，本书对阅读测试的探讨也还未能完全展开，交际测试法理论和实践的结合还有待进一步地深入研究、完善和发展。本章后半部分探讨了英语阅读理解中的信息沟问题。

信息沟是人们用语言进行交际的先决条件和动力。信息沟这一概念随着英语交际教学法的兴起和推广，从而日益受到外语教学工作者的青睐并广泛应用于外语教学实践中。英语学习一直让众多中国学生备受煎熬，其中阅读理解这一板块对于英语学习者更是一大难题。本部分从信息沟的概念、特点及其产生原因，英语阅读理解中的信息沟以及教师如何有意识地创设信息沟来启发学生完成阅读理解等问题进行了探讨。

第 9 章 外语测试中的统计

9.1 外语测试中的描述性统计

9.1.1 分数分布

一次考试结束后，我们常常需要对一组考试分数（班级的、学校的、某地区的）有个直观的整体了解。在学校里，大多数的做法是将各分数段的人数统计出来。例如在一次考试结束后，我们可将 1 级起点的三个班级和 3 级起点的三个班级的考试情况以直方图的形式表示出来，见图 9-1。

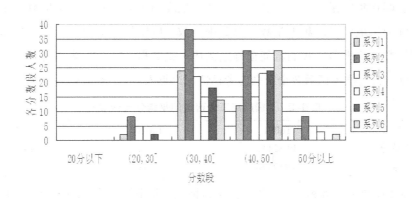

图 9-1 1 级起点和 3 级起点六个班级的分数分布

这种反映数据散布在各个分数段的情况叫作分数分布。我们从分数分布图或表中可看出一组分数的分布特点以及集中情况和彼此差异的情况。

当然，我们还可以用及格率和优秀率来考查各个级别以及各个班级的整体情况和差异情况。例如可将一次考试后的情况以表 9-1 的形式表示出来。

表 9–1　1 级起点和 3 级起点六个班级的及格率与优秀率

	1q001	1q010	1q020	3q401	3q006	3q018
及格人数	8.00	21.00	9.00	22.00	22.00	31.00
优秀人数	0.00	0.00	0.00	0.00	0.00	0.00
总人数	42.00	85.00	47.00	34.00	44.00	47.00
及格率	19.05%	24.71%	19.15%	64.71%	50.00%	65.96%
优秀率	0.00	0.00	0.00	0.00	0.00	0.00
客观总分	75.00	75.00	75.00	70.00	70.00	70.00

由表 9-1 可见，1 级起点和 3 级起点的各个班级的优秀率均为 0，说明试卷本身有些问题，没有很好的区分度；同时可以观察到：3 级起点班级的及格率普遍高于 1 级起点班级的及格率，说明 3 级起点的学生的英语能力整体上高于 1 级起点的学生。

9.1.2　平均数与标准差

有了次数分布之后，一组杂乱无章的数据被整理得较有规律，我们从中可以看出这组数据的集中趋势，也可以看到它们彼此离散（变异）的程度。描述集中趋势的统计量叫作集中量数；描述其分散、差异程度的统计量叫作差异量数。在教育统计中实际应用最广泛的集中量数是算数平均数；应用最广泛的差异量数是标准差。有了平均数与标准差，我们就能很好地描述一组数据的集中趋势和离散程度。例如我们可以分析一次考试后两个级别的考试情况，见表 9-2、表 9-3。

表 9–2　1 级起点三个班级的平均分与标准差

班级	1q001	1q010	1q020
平均分	39.32143	39.82	39.40
标准差	6.917476	7.66	7.28

表 9-2 反映了 1 级起点三个班级的考试情况。从中可以看出：010 班平均分最高，但标准差也最大，说明该班学生分数离散程度大，平均分的代表性不强。001 班平均分最低，但其标准差最小，说明分数离散程度小，都集中在平均分左右，班内学生水平差距相对较小。

表 9–3　3 级起点三个班级的平均分与标准差

班级	3q000401	3q006	3q018
平均分	43.59	40.84	43.45
标准差	4.59	5.31	4.15

表 9-3 反映了 3 级起点三个班级的考试情况。从中可以看出：000401 班平均分最高，但标准差也相对较大，说明成绩比较分散，班内学生水平差距较大。006 班平均分最低，标准差最大，说明该班不仅总体水平低，且两极化明显，高分学生与低分学生差距很大。

9.1.3 相对标准差

标准差虽然是反映一组数据离散程度最好的统计量，但如果要比较两组数据离散程度的大小，则往往不能直接比较各自的标准差，尤其是两组数据的单位不同时。例如某班身高平均 170 厘米，标准差 15 厘米；体重平均 60 公斤，标准差 8 公斤。这两个标准差度量单位不同，不能直接比较。即使测量单位相同，但各自的平均数不同仍然不能直接比较标准差。再如：某班语文平均成绩为 70 分，标准差为 7 分；数学平均成绩为 85 分，标准差为 7.8。这时不能说数学成绩的离散程度大于语文成绩的离散程度。在上述的场合要比较两组数据的离散程度，应当用相对标准差。其公式为：相对标准差 CV ＝（标准差 / 平均分）×100%。上例中语文的相对标准差为 10；数学的相对标准差为 9.18。因此语文成绩比数学成绩的离散程度大。表 9-4 列出了 1 级起点和 3 级起点六个班级的平均分、标准差和差异系数（相对标准差）。从中可以看出 1 级起点三个班级的离散程度较大。

表 9-4　1 级起点和 3 级起点六个班级的相对标准差

班级	1q001	1q010	1q020	3q000401	3q006	3q018
平均分	39.32143	39.82	39.40	43.59	40.84	43.45
标准差	6.917476	7.66	7.28	4.59	5.31	4.15
差异系数	0.175921	0.19238	0.18471	0.105227	0.129987	0.095602

9.1.4 信　度

信度是指测试结果的稳定性或可靠性的程度，即测量的结果是否不受外在因素的影响，真实客观地反映了考生的实际水平。（葛福东，2006：247）信度的高低是评价试卷质量的重要指标。信度反映了考试结果受随机误差影响的大小。如果一个考试的信度较低，则随机误差影响较大，结果可信赖程度就低。影响测试信度的因素很多，试题和评分是两个主要方面。试题的信度主要取决于测试范围与题量；而评分的信度则取决于评分标准的客观性与准确性。（马应聪，2010：133）信度是反映测量中随机误差大小的指标，由于造成误差的方式和来源多种多样，所以信度的估计方法也是多种多样的。在试卷信度的检验中，我们一般采用的是同质性信度。

同质性信度（homogenety reliability）也叫作内部一致性系数，它是衡量测验内部所有题目间一致性程度的指标。

下面以本校某学期的综合英语期末试题 A 卷客观题部分为例，针对某学院大学一年级的三个班，利用 SPSS 软件对该测试的信度进行检测。一般采用科隆巴赫（Cronbach）α 系数，他于 1951 年提出，可以计算任何测验的内部一致性系数。（董喆，2009：102）

客观题分为四个部分：快速阅读、仔细阅读、词汇结构和完形填空，共计 85 分。132 名考生的客观题总成绩分布状况如图 9-2 所示：成绩基本符合正态分布，其中平均分为 52.1818，峰值出现在 55—58 分。成绩在均值以上的人数为 71 人，约占 53.8%。标准差为 6.25516，成绩波动较小。一般测试可接受性的难度系数范围为 0.33—0.67，当难度系数达到 0.5 时视为最理想情况。而这份客观卷难度系数约为 0.614，介于 0.4—0.7，这说明这份客观卷对该院学生来说难度适中。

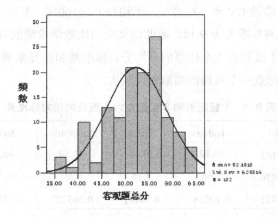

图 9-2　学生客观题成绩分布直方图

在选用科隆巴赫 α 系数来计算客观题一致性信度系数时，所得结果如表 9-5 所示。α = 0.583，信度偏低。只有当 α 系数大于 0.7 时才有用，0.7—0.8 需要校正，0.8—0.9 为可接受范围，而高于 0.9 则为理想情况。从客观试卷的 α 系数（0.583）可以看到，这次测试与标准可接受范围还存在着一定的距离，试卷的信度系数还有待提高，见表 9-5。

表 9-5　信度分析数据

Cronbach's Alpha	Cronbach's Alpha Based on Standardized Items	N of Items
0.583	0.603	4

检测各题间的相关系数也是测试分析的重要一环，对试卷信度的研究有很大的作用。相关系数值在－1—1，如果值为1，说明两题完全相关；如果值为－1，说明两题完全不相关。经 SPSS 软件测试，结果见表9-6，各题间的相关系数都较低。

表 9-6 Inter-Item Correlation Matrix

	快速阅读	仔细阅读	词汇结构	完形填空
快速阅读	1.000	0.127	0.239	0.169
仔细阅读	0.127	1.000	0.345	0.395
词汇结构	0.239	0.345	1.000	0.376
完形填空	0.169	0.395	0.376	1.000

由上面分析可见，该客观试卷信度偏低，还有待提高，以提高语言测试的效率。不过，试卷信度分析既要考虑受试者的信度又要分析评分者的信度。同时，我们还应结合测验的其他项目来综合分析，只有这样才能客观地评价一份试卷或调查问卷质量的好坏。

9.2 外语测试中的推断性统计

9.2.1 单独样本 T 检验

单独样本 T 检验用于检验样本均值与总体均值或某个已知值之间的差异。

1）10j3q4j 英语考试的人数为 883 人，客观题考试的平均成绩为 42.25 分。现抽取 a000401 班的学生 34 人作为样本，该班的客观题成绩与 10j3q4j 平均成绩的差异显著吗？见表9-7、表9-8。

表 9-7 单个样本统计量

	N	均值	标准差	均值的标准误
成绩	34	43.59	4.587	0.787

表 9-8 单个样本检验

	检验值 = 42.25					
	T	df	Sig.（双侧）	均值差值	差分的95%置信区间	
					下限	上限
成绩	1.701	33	0.098	1.338	－0.26	2.94

表9-7表明，该班34人，均值为43.59分，标准差为4.587，标准误为0.787。

表9-8表明，T值为1.701，自由度为33，双尾检测的 P 值为0.098（＞0.05），

样本均值与总体均值的差异为 1.338。

T 检验结果显示，这个班的客观题平均成绩与该级起点的总体平均成绩之间差异不显著（T＝1.701，df＝33，P＞0.05）（若小于 0.05 则显著）。

2）10j1q2j 英语考试的人数为 880 人，客观题考试的平均成绩为 38.71 分。现抽取 a004 班学生 41 人作为样本，抽取的该班的客观题成绩与 10j1q2j 英语考试成绩差异显著吗？见表 9-9、表 9-10。

表 9-9　单个样本统计量

	N	均值	标准差	均值的标准误
成绩	41	41.9512	5.07913	0.79323

表 9-10　单个样本检验

	检验值＝38.71					
	T	df	Sig.（双侧）	均值差值	差分的 95% 置信区间	
					下限	上限
成绩	4.086	40	0.000	3.24122	1.6380	4.8444

表 9-9 表明，该班 41 人，均值为 41.9512 分，标准差为 5.07913，标准误为 0.79323。

表 9-10 表明，T 值为 4.086，自由度为 40，双尾检测的 P 值为 0.000（＜0.05），样本均值与总体均值的差异为 3.24。

T 检验结果显示，这个班的客观题平均成绩与该级起点的总体平均成绩之间差异显著（T＝4.086，df＝41，P＜0.05）。

9.2.2　独立样本 T 检验：用于检验两个不相关样本在相同变量上均值的差异

1）现在 103q4j 的群体中抽取两个班 a000301（41 人）、a000401 班（34 人），假设两个班分别由不同的老师任教，且这两个老师的教学方法不同，问这两种教学方法的教学效果是否存在实质性的差异，见表 9-11。

表 9-11　组统计量

班级	成绩			
	N	均值	标准差	均值的标准误
a000301	34	42.7647	6.35829	1.09044
a000401	41	43.5122	4.83281	0.75476

我们需要注意的是：F 统计量＝（S 组间 /n 组间）/（S 组内 /n 组内），S 是方差，n 是自由度，分子和分母没有固定的大小关系，见表 9-12。

表 9-12　独立样本检验

	方差方程的 Levene 检验		均值方程的 T 检验						
								差分的 95% 置信区间	
	F	Sig.	T	df	Sig.（双侧）	均值差值	标准误差值	下限	上限
假设方差相等	1.664	0.201	− 0.578	73	0.565	− 0.74749	1.29299	− 3.32441	1.82943
假设方差不相等			− 0.564	60.700	0.575	− 0.74749	1.32617	− 3.39959	1.90461

从表 9-11 可看出，a000301 班的人数为 34 人，均值为 42.76，标准差为 6.358，标准误为 1.09。

A000401 班的人数为 41 人，均值为 43.51，标准差为 4.833，标准误为 0.755。

从表 9-12 可看出，$P = 0.201 > 0.05$，因此方差齐性检验不显著，即两组的方差相等（这种情况下要看第一组的数据）。

A000301 和 A000401 班的教学效果之间不存在显著差异（T = − 0.578，df = 73，$P > 0.05$）。

2）现在 101q2j 的群体中抽取两个班 a001（42 人）、a002 班（41 人），假设两个班分别由不同的老师任教，且这两个老师的教学方法不同，问这两种教学方法的教学效果是否存在实质性差异，见表 9-13、表 9-14。

表 9-13　组统计量

班级	成绩			
	N	均值	标准差	均值的标准误
a001	42	39.3214	6.91748	1.06739
a002	41	37.2317	6.62486	1.03463

表 9-14　独立样本检验

	方差方程的 Levene 检验		均值方程的 T 检验						
								差分的 95% 置信区间	
	F	Sig.	T	df	Sig.（双侧）	均值差值	标准误差值	下限	上限
假设方差相等	0.004	0.947	1.405	81	0.164	2.08972	1.48732	− 0.86957	5.04901
假设方差不相等			1.406	80.971	0.164	2.08972	1.48653	− 0.86803	5.04747

从表 9-13 可看出，a001 班的人数为 42 人，均值为 39.32，标准差为 6.92，标准误为 1.07。

A002 班的人数为 41 人，均值为 37.23，标准差为 6.62，标准误为 1.03。

从表 9-14 可看出，$P = 0.947 > 0.05$，因此方差齐性检验不显著，即两组的方差相等。

A001 和 A002 班的教学效果之间不存在显著差异（$T = 1.405$，$df = 81$，$P > 0.05$）。

3）单因素 F 检验：用于检验一个因素变量的不同水平是否给一个因变量造成了显著的差异或变化。

现在比较 10j1q2j 全体班级中的 a007、a009、a011 三个班的客观题成绩，进行显著性差异分析，见表 9-15、表 9-16、表 9-17、表 9-18。

表 9-15　方差齐性检验

Levene 统计量	df1	df2	显著性
1.659	2	130	0.194

$P = 0.194 > 0.05$，表明三个班的方差在 0.05 的显著性水平上差异不显著，即各组方差为齐性。

表 9-16　ANOVA

	平方和	df	均方	F	显著性
组间	183.772	2	91.886	2.235	0.111
组内	5345.018	130	41.116		
总数	5528.789	132			

表 9-16 表明各班均值在 0.111 显著性水平上差异不显著。

表 9-17　多重比较（因变量：成绩）

	（I）班级	（J）班级	均值差（I-J）	标准误	显著性	95% 置信区间 下限	95% 置信区间 上限
LSD	A007	A009	0.32778	1.35946	0.810	− 2.3617	3.0173
		A011	2.64773	1.36707	0.055	− 0.0569	5.3523
	A009	A007	− 0.32778	1.35946	0.810	− 3.0173	2.3617
		A011	2.31995	1.35946	0.090	− 0.3696	5.0095
	A011	A007	− 2.64773	1.36707	0.055	− 5.3523	0.0569
		A009	− 2.31995	1.35946	0.090	− 5.0095	0.3696

续表 9-17

	（I）班级	（J）班级	均值差 （I-J)	标准误	显著性	95% 置信区间	
						下限	上限
Tamhane	A007	A009	0.32778	1.34222	0.993	— 2.9427	3.5983
		A011	2.64773	1.29431	0.126	— 0.5057	5.8012
	A009	A007	— 0.32778	1.34222	0.993	— 3.5983	2.9427
		A011	2.31995	1.43914	0.296	— 1.1839	5.8238
	A011	A007	— 2.64773	1.29431	0.126	— 5.8012	0.5057
		A009	— 2.31995	1.43914	0.296	— 5.8238	1.1839

表 9-18　成绩

	班级	N	alpha = 0.05 的子集
			1
Student-Newman-Keuls[a,b]	A011	44	37.1023
	A009	45	39.4222
	A007	44	39.7500
	显著性		0.131

注：将显示同类子集中的组均值。

a. 将使用调和均值样本大小 = 44.328。

b. 组大小不相等。将使用组大小的调和均值，将不保证 I 类错误级别。

　　方差分析结果表明，三个班之间的平均成绩不存在显著差异，事后分析的多重比较结果显示：a007 班与 A009 班成绩没有显著差异，A007 班与 A011 班没有显著差异，A009 班与 A011 班没有显著差异。

　　4）多因素方差分析：检验两个或两个以上因素变量的不同水平是否给一个因变量造成了显著的差异或变化的分析方法。

　　现将 10 级学生根据学生的入学分班成绩分别参加两种类型的考试，10j1q2j 和 10j3q4j 两种。每种考试分别选取 3 个班中的 10 名学生，并且这 3 个班的教学方法各不相同。问不同入学分班成绩和教学方法对学生的学习成绩是否有影响。10j1q2j(a001\a002\a003)，10j3q4j(a005\a006\a007)。见表 9-19、表 9-20、表 9-21。

表 9-19　主体间因子

		值标签	N
入学成绩	1.00	10j1q2j	30
	2.00	10j3q4j	30
教学方法	1.00	方法1	20
	2.00	方法2	20
	3.00	方法3	20

表 9-20　描述性统计量（因变量：学生成绩）

入学成绩	教学方法	均值	标准 偏差	N
10j1q2j	方法1	41.6500	8.30010	10
	方法2	39.0000	7.73879	10
	方法3	35.0000	11.38225	10
	总计	38.5500	9.37564	30
10j3q4j	方法1	44.1000	2.60128	10
	方法2	43.1000	4.95424	10
	方法3	42.3000	4.42342	10
	总计	43.1667	4.04358	30
总计	方法1	42.8750	6.11701	20
	方法2	41.0500	6.66471	20
	方法3	38.6500	9.20112	20
	总计	40.8583	7.52740	60

表 9-21　主体间效应的检验（因变量：学生成绩）

源	Ⅲ 型平方和	df	均方	F	Sig.
校正模型	560.121[a]	5	112.024	2.174	0.071
截距	100 164.204	1	10 0164.204	1 943.591	0.000
入学成绩	319.704	1	319.704	6.204	0.016
教学方法	179.608	2	89.804	1.743	0.185
入学成绩＊教学方法	60.808	2	30.404	.590	0.558
误差	2 782.925	54	51.536		
总计	103 507.250	60			
校正的总计	3 343.046	59	-		

注：a. R 方＝0.168（调整 R 方＝ 0.090）

由表 9-21 可知，入学成绩的主效应差异显著 F = 6.204，$P < 0.05$，这表明 10 级学生的英语客观题成绩在入学考试成绩等级之间有显著差异。教学方法的主效应差异显著 F = 1.743，$P > 0.05$，这表明 10 级学生的英语客观题成绩在教学方法之间无显著差异。入学成绩 * 教学方法的教学作用差异显著 F = 0.59，$P > 0.05$，这表明入学成绩和教学方法的交互作用对其客观题成绩无显著的影响，见表 9-22、表 9-23、表 9-24、表 9-25、表 9-26。

表 9-22　因变量：学生成绩（总均值）

均值	标准 误差	95% 置信区间	
		下限	上限
40.858	0.927	39.000	42.716

表 9-23　因变量：学生成绩（入学成绩）

入学成绩	均值	标准 误差	95% 置信区间	
			下限	上限
10j1q2j	38.550	1.311	35.922	41.178
10j3q4j	43.167	1.311	40.539	45.794

表 9-24　因变量：学生成绩（教学方法）

教学方法	均值	标准误差	95% 置信区间	
			下限	上限
方法 1	42.875	1.605	39.657	46.093
方法 2	41.050	1.605	37.832	44.268
方法 3	38.650	1.605	35.432	41.868

表 9-25　因变量：学生成绩（入学成绩 * 教学方法）

入学成绩	教学方法	均值	标准 误差	95% 置信区间	
				下限	上限
10j1q2j	方法 1	41.650	2.270	37.099	46.201
	方法 2	39.000	2.270	34.449	43.551
	方法 3	35.000	2.270	30.449	39.551
10j3q4j	方法 1	44.100	2.270	39.549	48.651
	方法 2	43.100	2.270	38.549	47.651
	方法 3	42.300	2.270	37.749	46.851

表 9-26　因变量：学生成绩（多个比较）

	（I）教学方法	（J）教学方法	均值差值（I-J）	标准误差	Sig.	95% 置信区间	
						下限	上限
LSD	方法 1	方法 2	1.8250	2.27015	0.425	— 2.7264	6.3764
		方法 3	4.2250	2.27015	0.068	— 0.3264	8.7764
	方法 2	方法 1	— 1.8250	2.27015	0.425	— 6.3764	2.7264
		方法 3	2.4000	2.27015	0.295	— 2.1514	6.9514
	方法 3	方法 1	— 4.2250	2.27015	0.068	— 8.7764	0.3264
		方法 2	— 2.4000	2.27015	0.295	— 6.9514	2.1514

注：基于观测到的均值。误差项为均值方（错误）= 51.536。

从比较结果显示方法 1 和方法 2 之间无显著差异，方法 1 和方法 3 之间无显著差异，方法 2 和方法 3 之间有显著差异。

9.3　统计方法的应用例析

9.3.1　研究目的

探究两种教学方法对学生阅读水平的影响：两种方法是否有利于提高学生阅读水平？哪一种方法较为有效？

9.3.2　研究设计

研究对象选自南京航空航天大学二年级的非英语专业学生，通过前测选取两个正常教学班（班 1，45 人；班 2，40 人）。由同一名英语教师，但采用两种不同的教学方法进行授课：方法 1 应用于班 1，方法 2 应用于班 2。实验在正常的教学环境中进行，持续 15 周时间，每周两个学时。在此过程中，两个班均使用校方指定的相同教材，按正常教学进度进行教学。实验结束后进行后测。

9.3.3　研究步骤

前测与后测是针对阅读方面的两次测试，题目相同。每次测试都采取国家英语四级阅读部分的一些题型，包括快速阅读和仔细阅读。快速阅读部分为一篇长约1 000 词的文章，后面配有 7 个选择题和 3 个句子填空题，主要"考核学生通过快速阅读获取文章主旨大意或中心思想的能力……利用各种提示，如数字、大写单词、段首或句首词等，快速查找特定信息的能力"。时间为 15 分钟。仔细阅读包括三篇短文。一篇为选词填空，长度为 200—250 词，文章设有 10 个词的空缺，后面提供

15个词汇选择。另外两篇后各配有5道多项选择题，每篇长度为300—350词，主要"测试考生在不同层面上的阅读理解能力，包括理解主旨大意和重要细节、综合分析、推测判断以及根据上下文推测词义等"。考试时间为25分钟。

9.3.4 数据收集和分析

将所有的测试数据（班级、学生个人信息、前测及后测的成绩）输入电脑，应用SPSS软件（13.0版）对数据进行描述性分析。采用独立样本T检验（Independent Samples T-test）和配对样本T检验（Paired Samples T-test）来检验班1、班2的成绩显著性差异。分析内容如下：

班1和班2前测成绩分析（用独立样本T检验，班1和班2前测成绩的显著性差异）。

班1和班2后测成绩分析（用独立样本T检验，班1和班2后测成绩的显著性差异）。

班1前测和后测成绩分析（用配对样本T检验，检验两次成绩的显著性差异）

班2前测和后测成绩分析（用配对样本T检验，检验两次成绩的显著性差异）

通过表9-27对比班1和班2前测成绩，通过表9-28对比班1和班2后测成绩。

通过表9-27可以了解班1和班2在前测时成绩是否在$P \leq 0.05$水平上有显著差异。$P \leq 0.05$时，则认为两个班成绩有显著差异。$P > 0.05$时，则认为两个班成绩无显著差异。由表9-27可知，$P = 0.369 > 0.05$，所以两个班成绩平均值相等的几率还是比较大的，说明差异是不显著的。即在实验前班1和班2的阅读水平相当。

表9-27 班1和班2前测成绩比较

班级	数量	均值	标准差	独立样本T检验	
				T值	P值
班1	40	32.54	7.187	0.903	0.369
班2	40	31.14	6.666		

通过表9-28可以了解班1和班2后测阅读成绩情况。在后测时，$P = 0.017 < 0.05$，说明两个班成绩差异是显著的。即在实验后，班2的阅读水平明显高于班1。

表9-28 班1和班2后测成绩比较

班级	数量	均值	标准差	独立样本T检验	
				T值	P值
班1	40	33.80	4.470	-2.439	0.017
班2	40	36.16	4.190		

同样，利用表 9-29 来对比班 1 前测和后测成绩，通过 P 值来判断两次成绩的显著性差异。$P = 0.274 > 0.05$，说明差异是不显著的。即班 1 在实验前和实验后的成绩均值可视为相等，阅读水平没有明显变化，见表 9-29。

表 9-29 班 1 前测成绩和后测成绩比较

班 1	数量	均值	标准差	配对样本 T 检验	
				T 值	P 值
前测	40	32.54	7.187	− 1.109	0.274
后测	40	33.80	4.470		

利用表 9-30 来对比班 2 前测和后测成绩。通过 P 值来判断班 2 前测和后测两次成绩的显著性差异。$P = 0 < 0.05$，说明两次成绩差异是显著的。即班 2 在实验前和实验后的成绩均值显著不同，阅读水平明显提高，见表 9-30。

表 9-30 班 2 前测成绩和后测成绩比较

班 2	数量	均值	标准差	配对样本 T 检验	
				T 值	P 值
前测	40	31.14	6.666	− 4.265	0.000
后测	40	36.16	4.190		

9.3.5 结 论

实验分析结果为：

1）表 9-26 中 T 检验结果是 $P > 0.05$，则说明班 1 和班 2 在前测时成绩无显著差异。

2）表 9-27 中 T 检验结果为 $P < 0.05$，则说明班 2 在后测时成绩显著高于班 1。

3）表 9-28 中 T 检验结果为 $P > 0.05$，则说明班 1 前测成绩和后测成绩无显著差异。

4）表 9-29 中 T 检验结果为 $P < 0.05$，则说明班 2 后测成绩显著高于前测成绩。

根据以上结果，则可得出以下结论：

由分析结果 3）可知，班 1 后测成绩与前测成绩相当，说明教学方法 1 对提高学生的阅读水平没有多大影响；由分析结果 4）可知，班 2 后测成绩高于前测成绩，说明教学方法 2 有助于提高学生的阅读水平。由分析结果 2）可知，班 2 后测成绩明显高于班 1 后测成绩，进一步说明教学方法 2 有助于提高学生的阅读水平。

9.4　本章小结

外语交际测试重在准确测量学生的外语交际能力，而外语测试中的统计则重在对测试的结果进行全面且科学的分析，以便为外语教学提供准确无误的反馈数据。本章结合实例对外语测试中的统计进行了理论结合实践的分析。本章的前半部分主要分析了描述性统计在外语测试中的应用，不求面面俱到，但求浅显明白、易于操作；本章的后半部分结合实例就外语测试中的推断性统计进行了较为深入的分析，由于二者均密切结合外语教学的实践，使其可操作性得到很好的保证。

参考文献

[1] Alderson, J. C. & Wall, D.Does washback exist? [J]. Applied Linguistics 1993(Vol. 14. No. 2): 115-129.

[2] Alderson,J.C. TOFEL preparation courses: a study of washback[J]. Language testing, 1996(3): 280-297.

[3] Arthur Hughes. Teaching for Language Teachers[M]. Cambridge: Cambridge University Press, 1989.

[4] Bachman, L. F. & A. S. Palmer. Language Testing in Practice [M]. Oxford: Oxford University Press, 1996.

[5] Bachman, L. F. Fundamental Considerations in Language Testing [M]. Oxford: Oxford University Press, 1990.

[6] Bachman, L.F. Fundamental Considerations in LanguageTesting[M]. 上海：上海外语教育出版社， 2001.

[7] Bachrnan,L．F．Fundamental Considerations in Language Testing [M]. Ordord:Ordord University Press, 1990.

[8] Bailey, K. M. Washback in language testing (TOEFL monograph series) [M]. Princeton, N.J. Educational Testing Service, 1999.

[9] Bailey, K. M. Working for washback: A review of the washback concept in language testing[J]. Language Testing, 1996(3): 257-279.

[10] Brown, G. & Yule, G. Teaching the Spoken Language[M]. Cambridge: Cambridge University Press, 1983.

[11] Buck, G. Testing listening comprehension in Japanese university entrance

examinations[J]. JALT Journal, 1988(10): 12-42.

[12] Buck, Gary. Listening Comprehension construct validity and trait characteristics[J]. Language Learning, 1992.

[13] Campbell, S. Translation into the Second Language [M]. New York: Longman,1998.

[14] Canale, M. & Swain, M. Theoretical bases of communicative approaches to second language teaching and testing[J]. Applied Linguistics,1980 (1):1-47.

[15] Canale, M. On some dimensions of language proficiency[A]. J. Oller(Ed.). Issues in Language Testing Research[C]. Rowley, Mass.:Newbury House, 1983.

[16] Carford, J. C. A Linguistic Theory of Translation: an Essay on Applied Linguistics [M]. London: OxfordUniversity Press, 1965.

[17] Carroll, B. J. Testing communicative Performance [M].Oxford: Oxford Pergamon Press, 1980:11.

[18] Carroll,B.J.Testing Communicative Performance[M].Oxford: Permagon Press, 1980.

[19] Carroll, B. Testing Communicative Performance: An Interim Study[M]. Oxford: Pergmon, 1980.

[20] Elder, C., Iwashita, N. & Mcnamara, T. Estimating the difficulty of oral proficiency tasks[J]. Language Testing, 2002(4):347-368.

[21] Ellis, R. Task-based language learning andteaching[M]. Oxford: Oxford University Press, 2003.

[22] F. de Saussure. Course in General Linguistics[M].Britain: Gerald Duckworth & Co. Ltd., 2001.

[23] Færch, C. & G. Kasper. Strategies in Interlanguage Communication[C]. London: Longman, 1983.

[24] Green, A. Watching for washback: Observing the influence of the international English language testing system on academic writing test in the classroom[J]. Language Assessment Quarterly, 2006(4): 333-368.

[25] Heaton, J. B. Writing English Language Tests[M]. New York: Longman, 1988/2000.

[26] Hughes, A. Testing for language teachers (Cambridge language teaching library) [J]. Cambridge, Cambridge University Press, 2003.

[27] Hughes, A. Testing for Language Teachers[M].Cambridge: Cambridge Univerity Press, 2000.

[28] Hymes, D.H. On Communication Competence[A]. In J.Pride and J.Holmes(Eds.). Sociolinguistics.Harmondsworth: Penguin,1972.

[29] Jeremy Mundy. Introducing Translation Studies [B]. London: Routledge Press, 2001.

[30] Krashen, S. D. Second language acquisition and second language learning[M]. Oxford: Pergamon Institute of English, 1981.

[31] Littlewood,W. Communication LanguageTeaching[M]. Cambridge: Cambridge University Press, 2000.

[32] Newmark, P. A Textbook of Translation[M]. Prince Hall International Ltd., 1988.

[33] Newmark, P. Approaches to Translation[M]. U.K.: Oxford Pergomon Press, 1981.

[34] Oller, J. Evidence of a general language proficiency factor: an expectancy grammar[J]. Die NeurenSprachen, 1976(76):165-174.

[35] Orozco, M. Building a measuring instrument for the acquisition of translation competence in trainee translator[A]. In C. Schaffner & B. Adab (Eds.). Developing Translation Competence[C]. Amsterdam: John Benjamnins, 2000:3-18.

[36] Richards, J. The Language Teaching Matrix[M]. Cambridge: Cambridge University Press, 1990.

[37] Roger Fowler. Linguistics Criticism[M]. Oxford: Oxford University Press, 1986.

[38] Rost, M. Listening in Language Learning[M]. NewYork: Longman Group Limited, 1993.

[39] Rumelhart, D. E. Schemata: The Building Blocks of Cognition [A]. Theoretical issues of reading comprehension[M]. Hillsdale, New York: Lawrence Erblaum Associates, 1980.

[40] Schaffner, C. Running before Walking? Designing a translation programme at undergraduate level[A]. In C. Schaffner& B. Adab(Eds.). Developing Translation Competence[C]. Amsterdam: John Benjamins, 2000:143-156.

[41] Spolsky, B.The Limits of Authenticity in Language Testing[J].Language Testing,1985(2):31-40.

[42] Watanabe,Y. Methodology in washback studies[A]. In L. Cheng &Y. Watanabe (Eds.).Washback in Language Testing: Research Contexts and Methods [M]. New Jersey: Lawrence Erlbaum Associates, 2004.

[43] Weir, C. J. Understanding and developing Language tests[M]. New York: Prentice Hall, 1993.

[44] Weir, C.J. Communicative Language Testing[M]. Hemel Hempstead: Prentice Hall International Ltd., 1990.

[45] Widdowson, H. Teaching Language as Communication[M]. Oxford: Oxford University Press, 1978: 57.

[46] Widdowson, H.G. Learning Purpose and Language Use[M]. Oxford: Oxford University Press, 1983.

[47] Wilkins, D. Notional syllabuses[M]. Oxford: Oxford University Press, 1976.

[48][法] 格雷马斯 . 结构语义学 [M]. 蒋梓骅，译 . 天津：百花文艺出版社，2001： 21-27，41-58.

[49][英] 卡特福德（英）. 翻译的语言学理论 [B]. 穆雷，译 . 北京：旅游教育出版社，1991.

[50] 薄振杰，李和庆 . 翻译策略能力的构成要素及模式构建——以 TEM8（2005）英（4）汉翻译试题解析为例 [J]. 西安外国语大学学报，2011（9）：60-64.

[51] 曹扬波 . 英语测试中的多项选择题刍议 [J]. 山西师范大学学报（哲学社会版），1998（6）：103-105.

[52] 曾妍，刘金明 . 高考英语写作测试对高中英语写作教学的反拨作用研究 [J]. 当代教育理论与实践，2012（3）.

[53] 陈慧媛，吴旭东 . 任务难度与任务条件对 EFL 写作的影响 [J]. 现代外语，1998（2）：27-39.

[54] 大学英语视听说智能测试试题库研究项目课题终期成果资料汇编 . 2012：33-35.

[55] 邓昕 . 语言教学的交际性原则在英语写作教学中的运用 [J]. 湖南大众传媒职业技术学院学报，2008（2）.

[56] 董喆. 利用统计软件 SPSS 进行试卷质量分析 [J]. 中国科技信息，2009（15）：100-102.

[57] 葛福东. 语言测试的信度、效度与题型关系的研究 [J]. 内蒙古农业大学学报（社会科学版）， 2006（4）：247-248.

[58] 辜向东，彭莹莹. 大学英语教师对 CET 及其反拨效应认识的历时研究 [J]. 外语与外语教学，2010（6）：37-41，56.

[59] 桂诗春. 标准化测试——理论、原则与方法 [M]. 广州：广东高等教育出版社，1986：16.

[60] 桂诗春. 中国学生英语学习心理 [M]. 湖南：湖南教育出版社，1992.

[61] 郭霞. "信息沟"在大学英语口语教学中的应用 [J]. 教育探索，2010（12）：54-55.

[62] 韩宝成. L.F.Bachman 的语言测试理论模式 [J]. 外语教学与研究，1995（1）：55-60.

[63] 何莲珍，王敏. 任务复杂度、任务难度及语言水平对中国学生语言表达准确度的影响 [J]. 现代外语，2003（4）：171-179.

[64] 何芸. 大学英语写作测试命题原则、来源及类别 [J]. 长沙民政职业技术学院学报，2005（1）.

[65] 何自然. 信息理论与英语结构 [J]. 现代外语，1987（1）.

[66] 黄大勇，杨炳钧. 语言测试反拨效应研究概述 [J]. 外语教学与研究，2002（4）：288-293.

[67] 黄大勇. 构建语言测试效应研究的理论基础 [J]. 现代外语，2011（3）：296-302.

[68] 吉红卫. 浅谈认知结构的完善和写作能力的提高 [J].Sino-US English Teaching，2006（3）：8-125.

[69] 金艳. 大学英语四、六级考试口试考试对教学的反拨作用 [J]. 外语界， 2000（4）：56-60.

[70] 孔燕平，聂建中. CET 中复合式听写及其对教学的反拨作用 [J]. 外语界，2002（2）：51-57.

[71] 刘红梅，杨留华. 论英语测试中信度与效度的平衡关系 [J]. 中英英语教学，

2004（7）：54-58.

[72] 刘辰诞 . 教学篇章语言学 [M]. 上海：上海外语教育出版社，2004.

[73] 刘骏，傅荣 . 欧洲语言共同参考框架：学习、教学、评估 [M]. 北京：外语教学与研究出版社， 2008.

[74] 刘磊 . 基于雅思考试与大学英语四六级考试对比下的雅思应考策略 [J]. 英语广场，2014（4）.

[75] 刘润清 . 语言测试和它的方法 [M]. 北京：外语教学与研究出版社， 2000.

[76] 刘一丹 . 论交际性口语测试的构建 [J]. 重庆邮电大学学报，2009（133）.

[77] 陆巧玲，刘素君 . 我国英语测试发展轨迹探究 [J]. 广西师范大学学报（哲学社会科学版）， 2008（2）：94-99.

[78] 罗少茜 . 从认知角度看影响语言测试任务难度的因素 [J]. 基础英语教育，2008（6）：25-34.

[79] 罗小茜 . 任务型评价中的任务难度因素 [J]. 中国外语教育 .2008（1）：66-80.

[80] 马会娟，管兴忠 . 论汉英翻译的语言能力 [J]. 西安外国语大学学报，2012（3）：117-121.

[81] 马应聪 . 英语专业课程期末考试的信效度实证研究 [J]. 西南农业大学学报（社会科学版）， 2010 （1）：132-135.

[82] 穆雷 . 翻译测试及其评分问题 [J]. 外语教学与研究 .2006（6）：466-471.

[83] 聂建中，杨佳 . 语言测试中的真实性问题 [J]. 山西大学学报，2008（2）.

[84] 亓鲁霞 .NMET 的反拨作用 [J]. 外语教学与研究（外国语文双月刊）， 2004（5）：357-363.

[85] 亓鲁霞 . 考试对教学的反拨作用：推动还是阻碍 ?[A]. 中国的语言学研究与应用 [M]. 董燕萍、王初明编，上海：上海外语教育出版社， 2001.

[86] 亓鲁霞 . 意愿与现实：中国高等院校统一招生英语考试的反拨作用研究 [M]. 北京：外语教学与研究出版社，2004.

[87] 亓鲁霞 . 语言测试反拨效应的近期研究与未来展望 [J]. 现代外语，2012（2）：202-208.

[88] 秦秀白 . 充分利用四、八级考试的反拨效应，抑制教学质量滑坡 [J]. 外语界，2012（3）： 10-14， 41.

[89] 全国大学英语四六级考试委员会和大学英语四六级考试改革项目组 . 全国大学英语四六级考试改革方案（试行）[M]. 上海：上海外语教育出版社，2005.

[90] 任雅婷 . "信息沟"让英语课堂活动焕然一新 [J]. 海外英语，2010（5）：95-96.

[91] 苏丽琴 . 句子变化对中国英语学习者听力理解的影响 [J]. 中山大学学报，2003（3）：30-36.

[92] 唐耀彩，彭金定 . 大学英语口语考试对英语学习的反拨作用 [J]. 外语界 2004（1）：25-30.

[93] 王初明 . 信息沟与课堂教学中的厌倦情绪 [J]. 现代外语，1987（4）.

[94] 王初明 . 应用心理语言学——外语学习心理研究 [M]. 长沙：湖南教育出版社，1990.

[95] 王宏伟 . 翻译中的视点转移 [J]. 成都教育学院学报，2004（3）.

[96] 王灵芝，史建权 . 英语四、六级考试对英语教学的后效作用 [J]. 当代教育论坛，2006（12）：121-122.

[97] 王小海 . "信息沟"与外语教学 [J]. 西安外国语学院学报，2000（4）.

[98] 王志远 . 论"信息沟"在英语口语教学中的应用 [J]. 重庆邮电学院学报，2004（5）.

[99] 文秋芳 . 英语口语测试与教学 [M]. 上海：上海外语教育出版社，1999.

[100] 吴东旭 . 外语学习任务难易程度确定原则 [J]. 国外外语教学，1997（3）.

[101] 武尊民 . 英语测试的理论与实践 [M]. 北京：外语教学与研究出版社，2002.

[102] 熊沐清 . 论语篇视点 [J]. 外语教学与研究，2001（1）：22.

[103] 徐捷 . 信息沟在大学英语课堂教学中的应用 [J]. 福建金融管理干部学院学报，2009（6）：52-56.

[104] 徐莉娜 . 翻译视点转移的语义分析 [J]. 中国翻译，2008（1）：51-56.

[105] 徐倩 . 英语专业八级考试的反拨作用研究——对外语专家和英语学科负责人的一次调查 [J]. 外语界，2012（3）：21-31.

[106] 徐强 . 英语测试的理论与命题实践 [M]. 合肥：安徽教育出版社，1992.

[107] 徐强 . 交际法英语教学和考试评估 [M]. 上海：上海外语教育出版社，2000.

[108] 许钧，穆雷 . 中国翻译学研究 30 年（1978-2007）[J]. 外国语，2009（1）.

[109] 薛荣 . 交际语言测试：理论模式与评估标准 [J]. 外语教学，2008（5）：68-76.

[110] 原萍 . 成就测试对外语教学的正面反拨效应 [J]. 外语教学，2002（4）：73-76.

[111] 张科科 . 托福、雅思和英语专业八级写作测试部分之比较研究 [J]. 考试周刊，2009（39）.

[112] 张晓菲 . 大学生英语书面交际能力测试分析 [J]. 柳州职业技术学院学报，2009（9）.

[113] 赵爱玲 . 英汉翻译中的语义视点转移现象分析 [D]. 山东：青岛大学，2001.

[114] 赵亮 . 以考促学——一项强化、延伸期末考试反拨作用的实验研究 [J]. 外语研究，2002（4）：67-73.

[115] 周涛 . 高中英语写作测试能力分析 [J]. 语文学刊•外语教育教学，2012（11）.

[116] 周喜 . 在英语任务型语言教学中如何分析和把握任务的难度 [J]. 教学，2008（6）：49.

[117] 周颖 . 交际性写作测试任务分析与建议 [J]. 太原城市职业技术学院学报，2009（2）.

[118] 邹申 . 英语测试——理论与操作 [M]. 上海：上海外语教育出版社，1998.

[119] 左飙 . "信息差"在外语教学中的地位及其应用 [J]. 现代外语，1988（3）：14-19.

附录 1　南京航空航天大学 2012—2013 学年 第二学期综合英语 IV 试卷

Test Paper Ⅰ

Part Ⅰ　Skimming and Scanning (15 minutes, 10 points)

Directions: *In this part, you will have 15 minutes to go over the passage quickly and answer the questions on the* **Answer Sheet** *with a single line through the center.*

A *(for YES)　if the statement agrees with the information given in the passage;*

B *(for NO)　if the statement contradicts the information given in the passage;*

C *(for NOT GIVEN)　if the information is not given in the passage.*

Stars

A star starts out life from what seems like nothing at all. Stars are born in huge clouds of gas that are actually far less dense than the space immediately surrounding Earth.

"These clouds are so spread out, they make the 'vacuum' of the space around the Earth that the space shuttle flies through seem as thick as chicken soup,"says Jeff Hester, an astronomer at Arizona State University in Tempe. But because the clouds are so big, they contain a lot of molecules — enough, eventually, to build massive stars.

How big are these clouds that serve as star nurseries? They can be a light-year across — so enormous it would take light one year to cross one. In contrast, it takes light only one-seventh of a second to travel the nearly 25,000-mile distance that equals the circumference of tiny Earth.

The key to star formation is gravity, says Hester. Gravity causes the multitude of spread-out molecules to move toward each other and pulls them toward the center of the cloud."The cloud starts to collapse under the force of its own gravity,"says Hester, who studies the process of star formation. This collapsing process happens relatively quickly (by cosmic standards)— only about 30 million years, or less.

Over time the cloud gets smaller and smaller. As the cloud contracts, it also begins to spin faster. (This is due to a little something called conservation of angular momentum — the same phenomenon that allows a figure skater like Nancy Kerrigan to speed up her spin when she pulls her arms in toward her body. As the mass of gas moves toward the center, the cloud spins faster.) Next, the cloud starts to flatten."It's just like when you make a simple pizza,"says Hester."The dough, or mixture of flour and water, flattens as it spins."Finally, because gravity becomes so strong in the center of the cloud, the center starts to collapse in on itself as it continues to rotate. At this point, you have a disk that's a few times the size of our solar system. (The disk would be about a couple of light-days across, if you're keeping track of the size of things.) As the disk continues to rotate, matter in the center of the disk starts to move further inward and a big lump forms in the middle of the disk. This lump, say Hester, is a protostar.

What happens to the matter that's left over further out in the disk? In our solar system, it went on to become the planets. (In essence, Earth is made up of leftovers.)

Protostars are very hot because so much of the gravitational energy that was once contained in the loose cloud of interstellar gas has been converted into heat. Protostars are spectacular, glowing with dull red light and infrared light. As a protostar emits this light, it continues to shrink and gets hotter and hotter. Finally, it's hot enough for real star business to begin— nuclear fusion.

At high enough temperatures, atoms slam together at incredibly fast speeds. When this happens, lighter atoms like hydrogen can fuse together to make heavier atoms like helium —one reaction releases massive amounts of energy; add all the reactions together, and"that's the energy that makes the stars shine,"Hester say. Once nuclear fusion begins, that's truly when a star is born.

After a star"turns on", he says, its power can cause destruction to the surrounding environment. A young star expands, tearing apart the cloud that formed it. New stars often break up neighboring stars before they can form. It's hard to overstate what a powerful process star formation is. Even as they are forming, protostars eject huge amounts of material in jets and streams and create violent solar winds.

The clouds from which stars are born are as dense as the space around Earth.

Jeff Hester is a founder of the star formation theory.

Star nurseries refer to the clouds from which stars are formed.

The circumference of the earth is about 25,000 miles.

According to this passage, figure skaters pull their arms in toward their bodies because they want to speed up their spins.

Since a protostar is embedded in a cloud of gas and dust, it is difficult to see it in visible light.

The earth consists of matter that is left over from the formation of a star.

When a protostar emits light and shrinks, its temperature lowers down.

Compared with the atom helium, hydrogen is a heavier kind of atom.

It is the star formation process that caused all the violent solar winds in the universe.

Part II Listening Comprehension (30minutes， 35points)

Section A Short Conversations (15points, about 10 minutes)

*Directions: In this section, you will hear 15 short conversations. At the end of each conversation a question will be asked about what was said. Both the conversations and the questions will be spoken only once. After each question there will be a pause. During the pause, you will read the four choices marked A),B),C) and D), and decide which is the best answer. Then mark it on the **Answer Sheet** with a single line through the center.*

11. A) At a dry-cleaning shop.　　　　 B) In a clothing store.

　　　C) At a dress-making shop.　　　　 D) In a clothes- loaning store.

12. A) He hurt his eye this morning.

　　 B) His clock was a very unusual one.

　　 C) He found the subject of the lecture uninteresting.

　　 D) The lecture lasted more than one hour.

13. A) The train is safer than the plane.

    B) The train is more comfortable than the plane.

    C) He was too nervous to take a plane.

    D) There is a smoking area in the train.

14. A) Make a bet.   B) See a move in next month.

    C) Buy a new house.   D) Move into a new house.

15. A) Not smoking has improved his health greatly.

    B) It is better for him to give up smoking.

    C) He is thinking of giving up smoking.

    D) He is unhappy about his life.

16. A) The man took Jane to a play.

    B) The man arrived six minutes earlier than Jane.

    C) They both arrived at the same moment.

    D) They always agreed to meet after dinner.

17. A) The children of smokers will become smokers when grown up.

    B) The children of smokers are more likely to develop lung cancer when grown up.

    C) The children of smokers would not automatically become smokers when grown up.

    D) The children of smokers will turn out to be very weak in health.

18. A) The end of the relationship between Mark and Susan.

    B) Mark's being the marketing manager.

    C) Mark and Susan being a happy couple.

    D) The close relationship between Mark and Susan.

19. A) Tom hasn't cut down on his smoking.

    B) Tom has probably quit smoking.

    C) Tom has lost weight since he left the hospital.

    D) Tom has been excused from the hospital.

20. A) He boarded the wrong plane

    B) He missed the plane.

    C) His flight was delayed.

D) The meeting was canceled.

21. A) Two blocks.   B) Five blocks.

    C) Three blocks.   D) Four blocks.

22. A) He suggests that she buy the sweater in another color.

    B) He suggests that she buy a jacket instead of the sweater.

    C) He suggests that she buy the sweater at its original price.

    D) He suggests that she buy the sweater on Friday.

23. A) It was cleaned.

    B) There was a large sale.

    C) The employees had to work very late.

    D) There was a robbery.

24. A) Be a bad boy.   B) Eat too fast.

    C) Go to a game.   D) Skip his lunch.

25. A) A salesman.   B) A telephone repairman.

    C) A plumber.   D) An electrician.

Section B Long Conversations (5points, about 8 minutes)

Directions: *In this section, you will hear 2 long conversations. At the end of*

each conversation 5 questions will be asked about what was said. Both the

conversation and the questions will be spoken only once. After each question there will be a

pause. During the pause, you will read the four choices marked A),B),C) and D), and decide

*which is the best answer. Then mark it on the **Answer Sheet** with a single line through the*

center.

Conversation 1

Questions 26 to 30 are based on the conversation you've just heard.

26. A) They have some fun and games in their lives.

    B) They save money for a trip to the Middle East.

    C) They begin to plan a trip around the world.

    D) They work hard to improve their living standards.

27. A) Different countries have different policies regarding travel and immigration.

B) Travel and immigration will cost them a lot of money.

C) The policies regarding travel and immigration in some countries aren't realistic.

D) All the countries just have the same policies regarding travel and immigration.

28. A) People there are hostile to foreigners.

B) The traffic conditions in that region are very backward.

C) There is a lot of conflict in the region.

D) Foreigners usually find it hard to get along with the local people there.

29. A) Different racial groups live together in peace.

B) The military there play a key role in politics in the region.

C) They provide the poor with temporary food and shelter.

D) There is a lot of fighting between different racial groups.

30. A) "Look before you leap."

B) "Practise what you preach."

C) "He who laughs last, laughs longest."

D) "Many hands make light work."

Conversation 2

Questions 31 to 35 are based on the conversation you've just heard.

31. A) By appearance.   B) By their work.

C) By sounds.   D) By understandings.

32. A) They are not so important.

B) They are important only to some important persons.

C) They become part of our life.

D) They make a big subject for our study.

33. A) The clothes she wears.   B) The way she looks or acts.

C) The name she has.   D) The confidence in herself.

34. A) We should always look and act the way other people want us to.

B) We should always change our names and clothes.

C) We should be aware of all the stereotypes.

D) We should build our own confidence.

35. A) It is none of her business.

    B) It is a subject of interest.

    C) It is rather a boring subject.

    D) It is a subject never heard before.

Section C Passages (15points, about 12 minutes)

Directions: In this section, you will hear 3 passages. At the end of each passage, you will hear some questions. Both the passage and the questions will be spoken only once. After you hear a question, you must choose the best answer from the four choices marked A),B),C) and D). Then mark it on the Answer Sheet with a single line through the center.

Passage One

Questions 36 to 40 are based on the passage you have just heard.

36. A) culture shock   B) new and confusing things

    C) pronunciation   D) things that are familiar.

37. A) How people make decisions and live a family life.

    B) Spending leisure time and resolving conflicts.

    C) How people express feelings and sensitive matters.

    D) Climate, religion, food, educational methods.

38. A) They do not understand"the rules"and"the signs"in a foreign country.

    B) They have a different climate in a foreign country.

    C) They cannot speak their native language.

    D) They do not understand the religion in a foreign country.

39. A) These people are ill.

    B) These reactions are normal.

    C) These feelings are difficult to understand.

    D) These reactions are more a sign of illness than shock.

40. A) You can talk to a doctor any time you feel uncomfortable.

    B) You can go home if you like.

    C) It is a situation to which you can adjust sooner or later.

D) You are free to live a life in a new environment.

Passage Two

Questions 41 to 45 are based on the passage you have just heard.

41. A) The birth control policy.

    B) The pollution situation in China.

    C) Family planning workers' responsibilities.

    D) Education to keep population below 1.4 billion by 2010.

42. A) A fixed population.

    B) Family planning.

    C) Social traditions.

    D) Information about the science of reproduction.

43. A) To do farm work.　　　　　　　　B) To improve living standards.

    C) To keep up social traditions.　　　D) To continue the family line.

44. A) It will ensure families are happy.

    B) It needs support from the urban inhabitants.

    C) Farmers should mainly rely on their own efforts.

    D) It should go hand in hand with family planning work.

45. A) To provide information about the science of reproduction.

    B) To protect ordinary people's legal rights.

    C) To ensure every family has one child.

    D) To help fight against poor conditions.

Passage Three

Questions 46 to 50 are based on the passage you have just heard.

46. A) We can create our fate.

    B) There is absolutely no need for us to struggle for a better life.

    C) We will have to accept whatever is dished out.

    D) We should not expect a life that's not giving us what we want.

47. A) Because life is miserable and full of adventures.

    B) Because life is full of risks and traps.

C) Because life is meant to be full of joy, happiness and richness.

D) Because everybody is born equal.

48. A) Most of us.   B) All of us.

    C) Many of us.   D) Very few of us.

49. A) From the time we were born.   B) From where we are living.

    C) From now on.   D) It is too late now.

50. A) The listener's benefit.   B) The speaker's benefit.

    C) The patient's benefit.   D) No one's benefit

Part III Reading in Depth (30 minutes, 30 points)

Directions: *There are 3 passages in this section. Each passage is followed by some questions or unfinished statements. For each of them there are four choices marked A), B), C) and D). You should decide on the best choice and mark the corresponding letter on the* **Answer Sheet** *with a single line through the centre.*

Passage One

Questions 51 to 55 are based on the following passage.

"Opinion"is a word that is used carelessly today. It is used to refer to matters of taste, belief, and judgment. This casual use would probably cause little confusion if people didn't attach too much importance to opinion. Unfortunately, most do attach great importance to it."I have as much right to my opinion as you to yours"and"everyone's entitled to his opinion"are common expressions. In fact, anyone who would challenge another's opinion is likely to be branded intolerant.

Is that label accurate? Is it intolerant to challenge another's opinion? It depends on what definition of opinion you have in mind. For example, you may ask a friend"What do you think of the new Ford cars?"And he may reply,"in my opinion, they're ugly".In this case, it would not only be intolerant to challenge his statement, but foolish. For it's obvious that by opinion he means his personal preference, a matter of taste. And as the old saying goes,"it's pointless to argue about matters of taste".

But consider this very different use of the term, a newspaper reports that the Supreme

Court has delivered its opinion in a controversial case. Obviously the judges did not share their personal preferences, their mere likes and dislikes; they stated their considered judgment, painstakingly arrived at after thorough inquiry and deliberation.

Most of what is referred to as opinion falls somewhere between these two extremes. It is not an expression of taste, nor is it careful judgment. Yet it may contain elements of both. It is a view or belief more or less casually arrived at, with or without examining the evidence.

Is everyone entitled to his opinion? Of course, this is not only permitted, but guaranteed. We are free to act on our opinions only so long as, in doing so, we do not harm others.

51. Which of the following statements is TRUE, according to the author?

    A) Everyone has a right to hold his own opinion.

    B) Free expression of opinions often leads to confusion.

    C) Most people tend to be careless in forming their opinions.

    D) Casual use of the word"opinion"often brings about quarrels.

52. According to the author, who of the following would be labeled as intolerant?

    A) Someone who turns a deaf ear to others' opinions.

    B) Someone who can't put up with others' tastes.

    C) Someone who values only their own opinions.

    D) Someone whose opinions harm other people.

53. The new Ford cars are cited as an example to show that _____.

    A) it is foolish to criticize a famous brand

    B) one should not always agree to others' opinions

    C) personal tastes are not something to be challenged

    D) it is unwise to express one's likes and dislikes in public

54. Considered judgment is different from personal preference in that _____.

    A) it is stated by judges in the court

    B) it reflects public like and dislikes

    C) it is a result of a lot of controversy

    D) it is based on careful thought

55. As indicated in the passage, being free to act on one's opinion _____.

A) means that one can ignore other people's criticism

B) means that one can impose his preferences on others

C) doesn't mean that one has the right to do things at will

D) doesn't mean that one has the right to charge others without evidence

Passage Two

Questions 56 to 60 are based on the following passage.

To talk about problem-solving or decision-making within a national environment means examining many complex cultural forces. It means trying to measure the impact of these forces on contemporary life, and also coming to grips with changes now taking place.

In Japan, the most important thing is what organization you work for. This is of extreme importance when trying to analyze the direction-taking or decision-making process. At the least, it explains the greater job stability in Japan, in contrast to the great job mobility in America.

While we differ in many ways, such differences are neither superior nor inferior to each other. A particular pattern of management behavior develops from a complex mixture of unique cultural factors – and will only work within a given culture.

Here is a typical characteristic of the Japanese environment that in someway affect decision-making or direction-taking and problem-solving. In any approach to a problem and in any negotiations in Japan, there is the"you to you"approach, as distinguished from the Western"I to you"approach. The difference is this: in"I to you", both sides present their arguments openly from their own point of view – they state what they want and what they expect to get. A confrontation situation is thereby set up, and Westerners are very skillful in dealing with this.

The"you to you"approach practiced in Japan is based on each side – automatically and often unconsciously — trying to understand the other person's point of view. Thus, the direction of the meeting is a mutual attempt to reduce confrontation and achieve harmony.

56."It means trying to measure the impact of these forces on contemporary life, and also coming to grips with changes now taking place."(Para 1) The phrase "coming to grips with" here means _____.

A) grasping　　　　B) learning　　　　C) neglecting　　　D) analyzing

57. One factor that explains the greater job stability in Japan is that the most important thing is _____.

　　A) what organization you work for

　　B) what impact of cultural forces is on your life

　　C) what decision you are making

　　D) what direction you are taking

58. A particular pattern of management behavior only works within a given culture because _____.

　　A) it reflects the decision-making process

　　B) it reflects the direction-taking process

　　C) it develops from a complex mixture of unique culture factors

　　D) it comes from the differences in direction-taking or decision-making

59. According to the author, one of the possible results of the ＂I to you＂ approach is _____.

　　A) the appearance of confrontation

　　B) the reduction of confrontation

　　C) the achievement of harmony

　　D) a mutual understanding

60. From the whole text we can see that the author is _____ about Japanese style direction-taking or decision-making.

　　A) positive　　　　　　　　　　　　B) negative

　　C) neither positive nor negative　　　D) bitter

Passage Three

Questions 61 to 65 are based on the following passage

There are a great many careers in which the increasing emphasis is on specialization. You find these careers in engineering, in production, in statistical work, an in teaching. But there is an increasing demand for people who are able to take in a great area at a glance, people who perhaps do not know too much about any one field. There is, in other words, a demand for people who are capable of seeing the forest rather than the trees, of making general judgments. We can call these people "generalists".And these"generalists"are particularly needed for positions in administration, where it is their job to see that other people do the work, where they have to plan for other people, to organize other people's work, to start it and judge it.

The specialist understands one field and his concern is with technical or professional. The generalist—and especially the administrator—deals with people; his concern is with leadership, with planning, and with direction giving. He is an"educated"man; and the humanities (人文学科) are his strongest foundation. Very rarely is a specialist in a particular field. Any organization needs both kinds of people, though different organizations need them in different proportions. It is your task to find out, during your training period, into which of the two kinds of jobs you fit, and to plan your career accordingly.

Your first job may turn out to be the right job for you—but this is pure accident. Certainly you should not change jobs constantly, or people will become suspicious of your ability to hold any job. At the same time you must not look upon the first job as the final job; it is primarily a training job, an opportunity to understand yourself and your fitness for being an employee.

61. There is an increasing demand for _____.

    A) all-round people in their own fields

    B) people whose jobs are to organize other people's work

    C) generalists whose educational background is either technical or professional

    D)specialists whose chief concern is to provide administrative guidance to others

62. According to the passage, the specialist is a man _____.

    A) whose job is to train other people

    B) who has been trained in more than one field

    C) who can see the forest rather than the trees

    D) whose concern is mainly with technical or professional matters

63. According to the second paragraph the administrator is _____.

　　A) a"trained"man who is more a specialist than generalist

　　B) a man who sees the trees as well as the forest

　　C) a man who is very strong in the humanities

　　D) a man who is an"educated"specialist

64. During your training period, it is important to _____.

　　A) try to be a generalist

　　B) choose a profitable job

　　C) find an organization which fits you

　　D) decide whether you are fit to be a specialist or a generalist

65. According to the passage, a man's first job _____.

　　A) is never the right job for him

　　B) should not be regarded as his right job

　　C) should not be changed or he will be doubted over his ability to hold any job

　　D) is primarily an opportunity to fit himself for his final job

Part IV Cloze (10 minutes, 5 points)

Directions: *There are 5 blanks for each of the following 2 passages. For each blank there are four choices marked A), B), C) and D). You should choose the best answer according to the texts we have learned. Then mark the corresponding letter on the Answer Sheet with a single line through the center.*

When American coins honor 66) _____ figures of the US government— mostly famous former presidents. The Buffalo nickel was 67) _____ in memory of the destruction of the buffalo herds and the American Indians. It was James Earle that went 68) _____ tradition by using actual American Indians as models for his creation. Uncle Sam may have the name of a meat inspector with a 69) _____ for honesty or because Sam Wilson's stamp was"EA-US", it happens to stand for the 70) _____ of the United States.

66). A) prominent   B) promote   C) prosperous   D) prospect

67). A) descended   B) designed   C) deprived   D) detailed

68). A) with   B) by   C) against   D) for

69). A) reputation   B) publication   C) reservation   D) requirement

70). A) combinations   B) presentations

     C) essentials   D) initials

2.The Valentine's Day is a big day not only for the lovers, but also for the rose growers. Rose remains the most 71) _____ flower because love never goes out of style. To the traditional flower shops in the U.S., 72) _____, because of the 73) _____ of discount rose shops, 74) _____ roses is no longer a beautiful 75) _____.

71). A) beautiful   B) expensive   C) popular   D) wonderful

72).A) moreover   B) furthermore   C) accordingly   D) however

73). A) failure   B) withdrawal   C) appearance   D) bankruptcy

74). A) sell   B) to sell   C) sold   D) selling

75). A) experiment   B) existence   C) experience   D) exchange

Test Paper II

Part V Translation (5 minutes, 5 points)

Directions: *Complete the sentences by translating into English the Chinese given in brackets.*

76._____ （由于进口玩具占了全部市场的一半）, the profit margin of the domestic toy companies has dropped greatly.

77. My thanks go to those _____ （在我处境艰难的时候支持我的人）.

78. People who live in areas where earthquakes are a common occurrence should build _____ （能够抵抗地表运动的房屋）.

79.His parents did not approve of his plan to go and study abroad, but he _____

_____ （一意孤行去了纽约）.

80. （直到看见躺在床上的母亲）_____ ,

did he realize how much he loved her

Part VI Writing (30 minutes, 15 points)

Directions: *For this part, you are allowed 30 minutes to write a short essay entitled* **What Does Friendship Mean?** *You should write at least* **100** *words following the outline given below:*

1. 友谊是人生永恒的主题。

2. 友谊到底意味着什么。

3. 友谊的重要性。

附录 2　交际英语口语测试方式题目的备选答案

一、图片描述

Campus is our home. It's a place full of love, truth and beauty. Therefore, it's our duty to take good care of it. The development of civilization on campus depends on every student. Therefore, we should start to do it from ourselves, from every little thing, and from now on.

As the above pictures show, it is necessary to organize some other classmates together to pick up litter around the campus. And we can also arrange every class to do some thorough cleaning regularly. For example, we should wash some public facilities, such as telephone booths（电话亭）, newsstands（报刊亭）and so on. Besides, it's also a good idea to carry out a number of activities on environmental protection. These activities aim to educate the students to do something for creating a better campus environment.

二、面　　谈

1. Because it can be really annoying if the person you are talking to looks down at the watch or looks elsewhere. It is an indication that you are boring them.

2. Their custom is just the opposite to ours. They nod the head up and down to mean"No", and shake it back and forth to indicate"Yes".

3. They greed each other by rubbing their noses.

三、复　　述

1. With the fast development of economy, worldwide population growth also becomes

a big problem. It threatens to worsen economic crises in developing countries and cause even greater immigration problems for many nations. So population pressure is the main cause. There are also some other reasons. Some people are not satisfied with their own country. For example, they think the educational quality is not so good for their children. Besides, the environmental pollution is so serious in their own country. Therefore, they want to move to another country to find a new and better life.

2. Because of a significant increase in immigration population, many countries have begun to implement restrictive migration policies. The purpose is to reduce the number of immigrants. Some nations strengthen the management of the border. Some have established the regulations of immigration. Besides, nations also control the quality and quantity of immigrants.

3. Population pressure is the main factor that causes immigration problems, so family planning is one of the best solutions to the immigration problem. People need education and the means to control birth. Investing in women may be the best and fundamental solution.

附录 3　测试数据统计表

表 1　1 级测试数据统计表

成绩＼班级	001	002	003	004	007	009	010	011	020
	53.5	51	33	39	37	42		46.5	34.5
	47.5	44.5	34	45.5	37	38.5		40.5	41.5
	39.5	47	34.5	43.5	29.5	44.5		31	52.5
	38.5	32.5	48.5	32.5	42	38		35.5	35
	30	34.5	25	36.5	40	38		41.5	40
	32	31	59	40.5	39	29.5		43	41.5
	35	36.5	19	44.5	37.5	36.5		31.5	30.5
	43	29	35.5	42	37.5	51.5		47.5	43.5
	43.5	47	28.5	36.5	43	43		36	39.5
	54	37	33	39.5	42	46.5		41.5	37.5
	38	43	34	32	28.5	41.5		34	39.5
	47.5	24	18	43	42.5	42		41.5	37.5
	42.5	32.5	32.5	34	45	37.5		26.5	42
	31	42	37.5	35.5	46.5	35		43.5	54
	40.5	37.5	36	33.5	46	45		50.5	44
	34.5	33.5	37	42.5	46.5	26		48.5	37.5
	32	29	33.5	33.5	37	41		29.5	29
	40	32.5	32	32	43.5	41		25.5	51
	31	24	27	34.5	40	31.5		30	44
	42.5	37	30	56	29.5	35		36	37.5
	36.5	43.5	34.5	28.5	31	38		40	36
	45.5	42	31	30	41	41		39	32.5
	55.5	47	40.5	36	32	26.5		32	37
	27	38.5	43	31	39.5	33		34	30
	30.5	36	33.5	42.5	40	23		28.5	45
	44.5	39	36	36	49	37.5		39.5	39

成绩　班级	001	002	003	004	007	009	010	011	020
	34	40	29.5	22.5	48	33.5		39.5	39.5
	35	33	35	24	52	29		42	41
	45	41.5	28.5	45	36	37.5		33	53.5
	39.5	46.5	33	53	30	47		33	35.5
	38	42.5	34.5	39.5	37	55.5		35	36.5
	40	34	34	35.5	45	48.5		36	37
	37	35.5	42	39	39	49		36.5	41
	44	45	55	43	38	44.5		45.5	38
	34	31.5	42.5	55.5	42	43		31.5	30.5
	30.5	27.5	27.5	35	44.5	45		25	23
	33.5	37	34	42	41	33.5		38.5	52
	51.5	42.5	31.5	25.5	41.5	42.5		47.5	27.5
	39.5	37	44.5	37.5	38	43.5		27.5	49.5
	40.5	27.5	26.5	51.5	36	46		42	45.5
	35	34.5	38	33.5	45.5	48.5		44	34.5
	39		55.5	46.5	39.5	42		32.5	45.5
			43		31	35		36.5	41.5
			43		43	30.5		34	31.5
						37.5			46.5
									45
									26
平均分	39.32	37.23	35.53	38.31	39.75	39.42		37.10	39.40
标准差	6.92	6.62	8.42	7.71	5.56	7.03		6.54	7.28
最大值	55.50	51.00	59.00	56.00	52.00	55.50		50.50	54.00
最小值	27.00	24.00	18.00	22.50	28.50	23.00		25.00	23.00
全距	28.50	27.00	41.00	33.50	23.50	32.50		25.50	31.00

表2　3级测试数据统计表

班级＼成绩	001	005	006	007	018	301	401
	35	49	43	41	43	41	49
	42	45	41	51	48	42	42
	45	46	50	38	45	50	45
	44	43	37	46	37	41	43
	49	41	38	36	48	46	49
	30	43	36	45	46	42	39
	43	44	47	44	38	43	43
	42	40	44	43	39	43	37
	41	46	47	40	46	40	41
	35	44	48	39	45	48	51
	41	45	42	45	40	46	44
	41	42	32	45	48	30	46
	44	36	49	45	43	49	51
	43	50	38	42	45	33	43
	42	48	45	41	36	41	49
	39	47	41	41	48	32	39
	49	46	38	45	39	47	45
	43	45	46	37	44	47	46
	50	51	40	28	39	53	42
	42	44	42	48	46	54	41
	40	44	39	27	41	43	44
	45	37	37	39	43	47	41
	53	38	47	43	40	51	39
	48	47	43	42	47	44	48
	49	34	46	45	40	29	39
	48	47	45	34	41	32	40
	36	38	38	38	49	43	46
	46	41	42	30	45	47	47
	46	31	45	34	34	39	39
	44	42	34	39	46	36	53
	44	47	32	37	45	44	41
	48	40	38	35	46	50	31
	40	47	39	45	51	40	45
	44	52	37	40	46	41	44
	48	47	39	44	42	39	

班级　　成绩	001	005	006	007	018	301	401
	44	48	47	41	45	35	
	37	33	38	35	46	40	
	49	44	25	37	51	48	
	45	44	45	30	39	42	
	39	39	39	39	43	54	
	41	42	30	42	40	43	
	41	43	43	42	34	45	
		33	43	37	45		
		42	42		47		
					40		
					47		
					46		
平均分	43.21	43.07	40.84	39.88	43.45	42.86	43.59
标准差	4.64	4.89	5.31	5.27	4.15	6.20	4.59
最大值	53.00	52.00	50.00	51.00	51.00	54.00	53.00
最小值	30.00	31.00	25.00	27.00	34.00	29.00	31.00
全距	23.00	21.00	25.00	24.00	17.00	25.00	22.00

表3 英汉专业术语对照表

章节	汉语	英语
第1章	语言测试	language testing
	交际能力	communicative competence
	语言观	theory of language
	学习观	theory of learning
	修辞学	rhetoric
	结构主义	structuralism
	心理计量	psychometrics
	心理行为主义	psychological behaviorism
	技能	skills
	知识	knowledge
	能力	competence
	刺激	stimulus
	习得	acquisition
	习惯	habits
	程序性知识	procedural knowledge
	陈述性知识	declarative knowledge
	以学生为中心	student-centred
	信息	message
	代码	code
	语言能力	language competence
	语言表现	liguistic performance
	语境	context
	得体	appropriateness
	策略能力	strategic competence
	交际语言教学	communicative language teaching
	模式	model
	任务型教学	Task-based teaching
	跨文化交际能力	cross-cultural communicative competence
	敏感性	sensitivity

章节	汉语	英语
	宽容性	tolerance
	灵活性	flexibility
	情境	situations
	定量	quantitative
	定性	qualitative
	需求分析	needs analysis
第 2 章	有用性原则	qualities of usefulness
	信度	reliability
	效度	validity
	真实性	authenticity
	互动性	interaction
	回拨作用	washback effect
	可行性	feasibility
	测试任务	test tasks
	目标语言使用任务	target language use task
	测试难度	difficulty of test
	区分度	test score variance
	话题知识	topical knowledge
	情感图示	affective schemata
第 3 章	测试类型	types of test
	水平考试	proficiency test
	成绩考试	achievement test
	诊断考试	diagnostic test
	分级考试	placement test
	直接性测试	direct testing
	间接性测试	indirect testing
	离散项目测试	discrete-item testing
	综合性测试	integrative testing
	常模参照考试	norm-referenced testing

续表3

章节	汉语	英语
	标准参照考试	criterion-referenced testing
	客观性测试	objective testing
	主观性测试	subjective testing
第4章	雅思考试	IELTS
	口语等级考试	GESE
	全国英语等级考试	PETS
	英语等级考试	MSE
	四六级口语考试	CET-SET
	过程监控	process monitoring
	谈话轮次	turn taking
第5章	话题	topic
	图式	schema
	情景嵌入	context-embedded
	接受性技能	receptive skills
	产出性技能	productive skills
	整体评分法	holistic scoring
	分析评分法	analytic scoring
	回忆性写作	recall writing
	归纳性写作	summary writing
	标题性写作	topic writing
第6章	表达型文本	expressive text
	信息型文本	informative text
	呼唤型文本	vocative text
	翻译转换	translation shift
	搭配	collocation
第7章	中介语	interlanguage
	背景知识	background knowledge
	补偿	compensation
	冗余	redundancy

章节	汉语	英语
第 8 章	语篇	discourse
	信息差	Information gap
	文本因素	text-related factors
	读者因素	reader factors
第 9 章	次数分布	frequency distribution
	平均数	mean
	标准差	standard deviation
	单因素方差分析	one-way ANOVA
	独立样本 T 检验	independent sample T-test
	配对样本 T 检验	matched sample T-test

附录 4　A Brief Introduction to UAV

UAV is short for unmanned aerial vehicle, also known as"flying robot". It is one of the most important members of military aircraft family.

UAV was invented in 1920s, and has been developed greatly since 1950s. At first, UAV was used as drones, but later a number of countries began to develop unmanned reconnaissance aircrafts.

It is the Middle East War in the 1950s that makes people truly aware of the military value of UAVs.

At that time, Syria deployed in the Beqaa Valley a lot of SA-6 anti-aircraft missile sites, forming a very dense anti-aircraft firepower network. Israelis must figure out Syria firepower deployed in the Beqaa Valley, in order to make effective attacks. For if it is in emergency, there will be no time to send spies. Israelis thought of reconnaissance drone, which was undoubtedly a good idea. Then, the Israeli reconnaissance aircraft was put in service and sent to battlefield.

On June 9, 1982, the Beqaa Valley came over the roar of the aircrafts. Israeli aircrafts strutted in the sky.

Syria radar position found the invading aircrafts from Israel and immediately fired back; all of the anti-aircraft missile positions have opened fire. As SA-6 missiles are highly advanced missiles, so many of Israel's aircrafts were hit. However, the Syrians soon discovered that those hit aircrafts were drones. It turned out those hit drones were sent out by Israel to lure Syria missile radar positions to launch missiles.　Because in the meantime Israel had sent a"Scout" UAV to gather the position signal, frequency and other information of Syria radar, and then passed the information to ground combat center in time. Then Israel sent combat aircrafts and easily destroyed all the missile sites (19 in total) that Syria had deployed in the Beqaa Valley.

Because of the UAVs, Israel achieved an unexpected result during the war. What's more, during the Gulf War, the U.S. military dispatched reconnaissance drones and found two Iraqi missile sites and several patrol boats. The U.S. attack planes soon destroyed these targets under the guidance of UAVs.

UAV attracts great attention of all nations since its first appearance, the U.S. and Israel in particular. Israel is the most experienced one in the development of short-range and medium-range UAVs so that many countries compete for a contract with Israel to jointly develop UAVs. While America takes a leading role when it comes to the long-range UAVs.

Nowadays, even though military reconnaissance satellites and airborne early warning aircrafts are developed rapidly, UAV is still unique and gains its own place.

无人驾驶飞机简称无人机，又称"飞行机器人"，它是军用飞机大家庭中一个很重要的成员。

无人机诞生于 20 世纪 20 年代，20 世纪 50 年代以后有了较大的发展。开始的时候，无人机是作为靶机使用的，后来一些国家又研制起了无人驾驶侦察机。

使人们真正认识到无人机军事价值的是 20 世纪 50 年代发生的那场中东战争。

当时，叙利亚在贝卡谷地部署了不少 SA-6 防空导弹阵地，形成了十分密集的防空火力网。以色列人必须弄清叙利亚在贝卡谷地的火力部署，才能有效地发起进攻。情况紧急，派间谍去刺探根本来不及。以色列人想到了无人驾驶侦察机，派无人机侦察无疑是个好办法。于是，以色列的无人机披挂出征了。

1982 年 6 月 9 日，贝卡谷地上空传来了飞机的轰鸣声。以色列的飞机大摇大摆地来了。

叙利亚的雷达阵地发现以色列的飞机前来进犯，立即还以颜色，导弹阵地纷纷开火。SA-6 导弹是十分先进的导弹，以色列的许多飞机被击中。可是，叙利亚人很快就发现，这些被击中的飞机都是一些无人机。原来，这些被击中的无人机是以色列派出专门引诱叙利亚的导弹阵地雷达开机并发射导弹的。因为就在这同时，以色列还派出了"侦察兵"无人机搜集叙利亚雷达的位置信号、频率等信息，并把这些信息及时传给地面作战指挥中心。随后，以色列派出作战飞机，轻而易举地摧毁了叙利亚部署在贝卡谷地的全部导弹阵地（一共19个）。

由于无人机的参战，使以色列在战争中收到了意想不到的效果。海湾战争中，美军出动无人侦察机，发现了伊拉克的两个导弹阵地和若干艘巡逻艇，美军的攻击机在无人侦察机指示引导下，很快就摧毁了这些目标。

无人机初露锋芒备受关注，尤其是美国和以色列特别青睐无人机。以色列在发展近程和中程无人机方面最有经验，不少国家竞相与以色列签订合同，共同发展无人机。美国远程无人机发展处于领先地位。

即便在军用侦察卫星、空中预警机大发展的今天，无人机仍能独树一帜，争得一席之地。

附录 5　A Brief Introduction to MD-82

The MD-82 is an improved variation of MD-80, and is a short- to medium-range aircraft developed from the DC-9 of McDonnell Douglas Aircraft who is now under Boeing Company. Comparable airliners to the MD-82 include the Boeing 737 and Airbus A320. In 1985, Shanghai Aviation Industrial Corporation cooperated with the U.S. and produced 25 MD-82 airplanes for civilian use. It has two jet engines with a seat capacity of 147 to 172, and it can reach a crusing altitude of 11300 metres, a maximum range of 4345 kilometres with a fuel capacity of 17 tons.

The MD-82 airplane passed the aircraft type certificate of Federal Aviation Administration (FAA) in August, 1980 and was put into use in October of the same year. The Pratt & Whitney JT8D-200 engines on MD-82, combined with highly-efficient aerodynamic design, made it to meet all the present noise standard requirements for airplanes and it became one of the civil aircraft with the lowest operating costs.

MD82 是 MD80 飞机系列中 80 型的改进型，是现属于波音公司的麦道飞机公司 DC-9 飞机发展来的中短程飞机。与 B737、A320 属于同一级别。1985 年，中美合作在上海飞机公司生产了 25 架交付民航使用。它拥有两台喷气发动机，客座 147—172 个，巡航高度为 11 300 米，载油 17 吨，最大航程为 4 345 千米。

麦道 -82 飞机于 1980 年 8 月获得美国联邦航空局认证，同年 10 月投入航空公司运营。MD-82 飞机采用了普惠 JT8D-200 型发动机，加之高效的气动设计，能够达到目前所有噪音标准要求，并成为运营费用最低的民用飞机之一。